KB112501

공무원 상위 1%에 도전하라

공무원 상위 1%에 도전하라

발행일 2021년 2월 26일

지은이 김윤일
펴낸이 손형국
펴낸곳 (주)북랩
편집인 선일영
편집 정두철, 윤성아, 배진용, 김현아, 이예지
디자인 이현수, 한수희, 김민하, 김윤주, 허지혜
제작 박기성, 황동현, 구성우, 권태련
마케팅 김회란, 박진관
출판등록 2004. 12. 1(제2012-000051호)
주소 서울특별시 금천구 가산디지털 1로 168, 우림라이온스밸리 B동 B113~114호, C동 B101호
홈페이지 www.book.co.kr
전화번호 (02)2026-5777
팩스 (02)2026-5747

ISBN 979-11-6539-632-9 13190 (종이책)
979-11-6539-633-6 15190 (전자책)

잘못된 책은 구입한 곳에서 교환해드립니다.

누구도 가르쳐 주지 않는 **공무원 처세술**

공무원 상위 1%에 도전하라

김윤일 지음

회식자리에서 상사의 말이 길어지자 슬그머니 벽에 등을 기댄 새내기 공무원.
선배가 자세를 바로 하라며 옆구리를 찌르지 않았다면
그는 만년 주사로 머물고 말았을 것이다.

성장과 승진을 꿈꾼다면 반드시 알아야 할
공무원 처세술의 비밀을 40년 공직자가 들려준다.

북랩 book Lab

프롤로그

평범한 시골 면서기에서 내 공직의 첫걸음을 디딜 때 중앙부처 근무를 꿈으로 생각하고 쉼 없이 달려왔다. 그 꿈은 이루어졌다. 내 고향 의령을 떠나 시청, 도청, 중앙부처에 근무를 하였고 다시 울산시 시민안전실장을 역임하였다. 지방공무원 상위 1% 승진까지 장장 40년의 휴먼 스토리를 모티브motive로 이 책을 집필하였다.

이 책은 **제1장**에서 당신의 꿈을 이루기 위해서는 꿈이 있어야 한다고 했다. 사람은 누구나 꿈이 있다고 본다. 꿈이 없는 사람은 사회인으로 살아가기를 포기하였거나 꿈을 잃어버렸는지 모른다. 그 꿈을 이루기 위해서는 긍정적인 마인드가 필요하고, 선택과 집중을 해야 한다. **제2장**은 최고 전문가가 되어야 한다고 했다. 전문가다운 소양을 갖추기 위해 기획 능력이 있어야 하고, 업무에 해박한 지식이 있어야 한다. 그리고 풍부한 행정 경험으로 공무원 제안에 도전하고, 자신이 재직한 흔적을 남기라고 했다. 자신의 흔적은 업무 성과만을 이야기하지 않는다. 인사이동으로 자리를 이동하였을 때 다시 근무하고 싶은 공직자로 남을 수 있도록 떠난 자리에 아름다운 흔적을 남겨야 한다. **제3장**에서 오랜 공직 생활을 하다 보면 각종 유혹에 빠질 수 있으므로 절대 사익을 추구하지 말라고 했다. 내 공직 생활의 경험을 사례로 제시하며, 민원처리와 직원 채용 과정에 여러 청탁을 거절하는 방법을 제시하고, 업무 추진은 공익과 사익의 균형을 유지하도록 강조하였다. **제4장**은 공무원의 최대 관심 사항으로, 승진에 대해 처음 세상 밖으로 이야기를 꺼냈다. 승진은 공무원들의 최대 관심 사항이면서 기관장의 전속 권한이기에 거저 처분만 바라는 형태였고, 이를 공론화하지도 못하고 있었다. 따라서 아무도 가르쳐 주지 않는 승진에 대해 내 공직 생활의 경험을 바탕으로 후배 공직자에게 승진의 팁을 전하고자 하였다. **제5장**은 공무원 생활에서 오는 스트레스 관리에 대해 논하였다. 가끔은 산책을 즐기며, 사색하라고 했다. 때로는 좋아하는 책을 볼 수도 있다. 체계적인 책 읽기를 위해 나만의 독서대학을 수강하는 방법도 제시했다. 공직 생활도 조직 사회라 어쩔 수 없는 스트레스를 많이 받게 된다. 이런 스트레스는 운동을 통해 극복하고, 음주로 인한 불미스러운 사고를 미연에 방지하기 위해, 술도 음식이라고 했다. 음식은 과식하면 체할 수도 있으므로 자신의 주량에 따라 음주 페이스를 조절하라고 했다. 우리 속담에 "다 된 밥에

코 빠진다."라는 말이 있듯이 제아무리 성실한 공무원이라도 한순간의 실수로 공든 탑이 무너질 수 있기 때문이다.

주무관의 사무관 승진이, 사무관의 서기관 승진이 좌절되어 낙담하는 동료를 많이 보게 된다. 남들보다 앞서가지는 못해도 후배로부터 추월당하고 있다면 자신을 뒤돌아봐야 한다. 지금까지 생활해 온 자신의 행동에 잘못은 없는지 성찰해 보고 문제점을 개선해야 한다. 그렇게 해야 다음 인사에서 처지지 않는다. 새내기 공무원은 어려운 공직의 문턱을 넘었다고 경쟁이 사라진 것이 아니다. 주요 보직과 승진 자리를 갖고 동기와 때로는 선후배와 다툴 수도 있다. 이런 조직 문화에 적응이 서툴러 몸살을 앓는 직원도 있다. 때로는 높은 경쟁만큼이나 기대치가 높았는데 박봉에 막상 발령을 받은 곳이 동 주민복지센터라 실망이 클 수도 있다. 이런 공직자에게 이 책이 필요하다. 중견 공무원, 새내기 공무원, 아니면 공무원 시험에 합격하여 발령을 기다리고 있거나 공무원 시험에 도전하는 당신에게 『공무원 상위 1%에 도전하라』는 고위 공무원으로 성장할 수 있는 디딤돌로 작용하리라 본다.

2021년 3월
김윤일

목차

Chapter 5 스트레스 확! 날려라 173

당신의 꿈은 이루어진다

당신의 꿈은 무엇인가?

큰애 초등학교 졸업식을 마치고 와서 제일 먼저 본 것이 졸업 앨범이다. 우리 애 친구들의 얼굴이 궁금해서였다. 친구 사진을 보다가 사진 아래 기재된 장래 희망을 보게 되었다. 초등학교 졸업생의 장래 희망은 변호사, 한의사, 교사 등 다양하게 기재되어 있었다. 그중에 눈에 띄는 장래 희망은 '잘리지 않는 직업'이었다. 큰 애는 초등학교 5~6학년일 때 IMF를 겪었다. 우리나라는 외환 위기('97년 12월)를 맞아 국제통화기금(IMF)의 구제금융을 지원받았고 정부는 외환 위기에서 벗어났다고 2000년 12월 4일 공식 선언을 하였다. IMF의 영향으로 잘나가던 아빠·엄마의 실직을 겪은 어린 학생은 그저 잘리지 않고 안정된 직업이 최고라는 인식을 했을 것이다. 꿈은 사전적 의미로 '실현하고 싶은 희망이나 이상'이다. 초등학생이라는 어린 나이의 장래 희망은 가정이나 사회적 이슈 등의 영향을 많이 받는다. 때로는 인기 드라마 속의 주인공에 매료되기도 한다. 우리 애가 그랬다. 초등학교 5학년 인기 절정을 달리던 드라마 <허준>을 보고 한의사가 되겠다는 꿈을 키워 왔다. 초등학교 졸업 앨범뿐만 아니라 중학교와 고등학교의 장래 희망도 한의사였다.

그렇다면 당신의 초등학교 시절의 꿈은 무엇인가? 그 꿈이 안정된 직업이고, 현재 공무원이라면 꿈은 이루어졌다고 본다. 공무원은 본인 스스로 그만두지 않는 이상 정년까지 보장되기 때문이다. 초등학교 시절의 꿈과 달리 공직에 들어왔다면 그 꿈은 변경되었거나 앞으로 실현 가능성이 없다고 볼 수 있다. 때로는 꿈을 이루기 위해 사표를 내고 떠날 수도 있다. 사직한다는 것은 그리 간단한 문제는 아니다. 공직을 떠나면 다시 들어온다는 것은 어려울 뿐만 아니라 이만한 직업을 구하기도 쉽지 않기 때문이다. '97년 외환위기는 우리들의 삶에 많은 영향을 미쳤다고 본다. 경제 성장이 둔화하고, 일자리도 줄어 취업하기도 어려웠다. 이런 시대적 아픔은 안정된 직업을 선호하게 되었고 공무원 시험에 목매는 공시생의 증가를 불러왔다. 어렵고 힘든 과정의 수험 생활을 청산하고 공직의 길로 들어섰다고 도전할 과제가 사라진 것은 아니다.

지금까지는 취업에 급급하여 공직에 입문했다고 하더라도 공무원 사회에도 경쟁은 있다. 공무원의 길로 들어선 이상 조직 생활에 적응해야 하고, 공직 사회에 적응하다 보면 전보인사나 승진을 앞두고 또 다른 경쟁을 해야 한다. 경쟁 상대는 동기생이 될 수도 있고, 조금 빠른 선배일 수도 있다. 때로는 후배일 수도 있다. 이런 경쟁을 공직 생활 내내 치열하게 해야 한다. 공직 사회에 두각을 나타내고 싶은 것이 사람이기 때문이다. 두각을 나타내는 것은 일종의 욕망이다. 욕망의 사전적 의미는 '부족을 느껴 무엇을 가지거나 누리고자 하는 마음'이다. 이 세상에 욕망이 없는 사람은 없다. 욕망이 없는 사람은 이미 해탈한 선각자이거나 조직 생활에서 경쟁을 포기한 사람이라고 볼 수 있다. 다시 말해 욕망은 도전할 과제도 되고 꿈도 된다. 누구나 고위직 승진을 원하고 상급 기관 근무를 희망하리라 본다. 그러나 이런 자리는 소수의 자리로 한정되어 있다. 통계에 의하면 9급 지방공무원은 36,630명으로 이를 100으로 환산했을 때 5급 사무관은 9급 정원의 52%에 불과하고 4급 서기관은 9%에 불과하다. 3급 부이사관은 1%인 398명으로 조사되었다(인사혁신처 2019년 통계자료). 9급 발령을 함께 받은 동기 중에 절반만 사무관을 달고 10명 중 1명만 4급 서기관 승진을 할 수 있다. 그것도 지방공무원 전체 평균이 그렇다는 의미다. 고위직은 시·군·구보다는 시·도에 집중되어 있다.

따라서 고위직 승진을 위해서는 시·도에 근무해야 유리하다. 그렇다고 누구나 고위직에 오를 수는 없다, 고위직에 도전하는 꿈이 있어야 이루어진다. 그 꿈은 실현 가능성이 있어야 한다. 승진은 어느 직급까지 올라갈 것인지, 최종 근무지는 어디로 정할 것인지 결정해야 한다. 지금은 읍·면·동 행정복지센터에 근무하지만 시·군·구의 본청을 최종 목적지로 정할 수도 있다. 아니면, 시·도청, 중앙부처를 선택할 수 있다. 최종 직급과 근무지를 선택하는 것은 공무원 개개인의 여건과 성향에 따라 다양하다고 본다. 꿈이 있다고 누구나 이루어지는 것은 아니다. 꿈을 이루고자 하는 의지가 강해야 한다. 의지가 강한 사람은 업무에 대한 열정도 높아진다. 그런 꿈을 향해 달려가는 사람은 어딘지 모르게 감미로운 향기가 난다. 그 향기는 내면에서 우러나는 자신감일 수 있고, 자아 실현에 따른 행복일 수도 있다. 공무원 초입에서 오는 낮은 직급, 보수에 실망하거나 이미 늦었다고 중도에 포기한 공직자라면 다시 한번 자신의 꿈을 향해 달려가는 '향기 나는 공무원'이 되기를 바란다.

꿈이 있어야 이루어진다

2002년 월드컵이 생각난다. 우리나라 축구가 월드컵 예선전을 통과하여 32강이 겨루는 본선에서 한 번이라도 이기기를 바라던 시절에 16강은 대단한 이변이었다. 덴마크 출신의 거스 히딩크를 우리나라 축구 국가대표팀 감독으로 영입(2000. 11.~2002. 6.)하였다. 2002년 한·일 월드컵에서 본선 16강을 넘어 8강, 4강으로 도약하는 한국 축구의 새 역사를 쓰는 신화를 창조하였고, 붉은 악마들의 응원 열기는 월드컵을 축제의 장으로 만들었다. 붉은 악마는 우리나라 축구 국가대표팀의 서포터스 클럽으로 붉은 티셔츠를 입고 월드컵 경기장에서, 때로는 광화문 광장에서 국가대표팀 응원을 주도해 나갔다. 축구 경기장 관중석에는 대형 태극기와 함께 어김없이 등장한 것이 '꿈은 이루어진다'라는 대형 현수막이었다. 그 꿈은 현실이 되었다. 대한민국이 한·일 월드컵 본선에서 상상도 못 할 4강 신화를 이룬 것이었다.

꿈은 누구나 있다고 본다. 어쩌면 꿈을 잊어버린 것인지 모른다. 꿈은 삶의 활력소요 살아가는 목표도 된다. 삶의 진정한 목표가 없다면 그 삶은 의미가 없다고 본다. '덕산'은 중앙부처 근무가 꿈이었다. 시골 면사무소에서 군청도 아니고 중앙부처 근무를 꿈꾸었다는 것은 어쩌면 불가능할지도 모르는 일이었다. 면사무소의 일상은 주로 현장 행정이다. '80년대 농업 시책은 식량 증산이 핵심이었다. 매일 출근하여 오전에 자신의 업무를 정리하고 오후는 담당 부락에 보리 파종이며, 통일벼 재배를 독려하는 것이 주된 일이었다. '세월이 가면 20년 후 계장(6급)이 되고 말년에 부면장은 되겠지?' 희망이라면, 군청 공무원을 하는 것이 소박한 꿈이었던 시절이다. 이런 시절에 중앙부처 근무를 장래 희망으로 생각한 동기는 있다. 덕산의 외사촌 누이가 결혼했는데 상대자는 내무부(現 행정안전부) 공무원이었다. 외사촌 자형은 부산시 동사무소에 재직 중에 전국 소양 고사 7등으로 내무부 발령이 예정되어 있었으나, 다시 내무부 전입시험에 합격하여 전입한 것이었다. 이런 이야기에 고무되어 덕산도 중앙부처에 근무하겠다는 꿈을 가지게 되었다.

꿈을 이루기 위해 덕산은 느리지만, 천천히 준비하였다. 정든 고향을 떠나 수원시청으로 이동하고 다시 도 전입시험에 합격하여 경기도청으로 전입을 하였다. 도에 재직하며 필기시험을 통해 사무관 승진을 하고, 중앙과 지방의 인사교류 정책에 따라 행정안전부 파견을 자원('05년 12월)하였다. 인사교류는 중앙부처 공무원은 지방 파견 희망자가 많아 경쟁이 치열한 데 비해, 지방공무원은 중앙부처 근무를 기피하는 시절이었다. 중앙부처 근무는 가족과 떨어져 생활해야 하고, 업무 강도가 높다는 점이 이유라고 할 수 있다. 요즘도 중앙부처 파견 희망자를 찾기는 쉽지 않다고 본다. 이런 실정으로 인사교류 주관부처인 행정안전부는 파견수당 및 주거비를 현실화하고, 중앙부처 결원이 발생할 때는 파견자를 우선 전입하는 인센티브를 시행하게 되었다. 덕산은 중앙부처 파견 근무를 자원하였고, 파견 근무 중에 중앙부처 근무라는 꿈이 이루어졌다. 행정안전부에 5급 사무관의 결원이 발생하여 전입한 것이었다. 덕산은 20여 년을 기다린 끝에 꿈이 이루어진 것이다.

꿈도 자신의 성장에 따라 변한다. 도에서 행정안전부로 전입할 때는 이대로 잔류해도 4급 서기관 승진은 무난하지만 3급 부이사관 승진은 어렵다고 판단했다. 행정안전부 전입으로 3급 승진이라는 두 번째 꿈을 꾸게 되었다. 이런 판단은 빗나가지 않았다. 행정안전부에서 4급 서기관 승진을 하고 3개월 무렵 울산광역시 파견 희망자를 모집하였다. 10여 년의 중앙부처 근무로 몸도 마음도 지쳐 가던 시기에 지방파견은 솔깃하였다. 10개월 후 파견 근무 중에 울산광역시 공무원과 1대 1 인사교류를 통해 지방공무원이 되었고, 3년 후 지방부이사관으로 승진하였다. 두 번째 꿈도 이루어진 것이다.

보기에 따라서는 공무원 조직이 단조로워 보여도 막상 조직 생활을 하다 보면 적응하기에 어려운 점이 많이 있다고 본다. 그래서 공직에 첫발을 내딛는 신규 직원 중에는 조직 생활에 적응을 못 하고 그만두는 직원도 있다. 이런 공직 문화에 남들보다 두각을 나타낸다는 것은 결코 쉬운 일이 아니다. 조금 과하게 표현하면 조직에서 살아남기 위한 생존 경쟁이 치열하다고 볼 수 있다. 이것은 보직을 이동하는 전보인사나 승진을 앞두고 두드러지게 나타난다. 보이지 않는 경쟁은 하위직보다는 상위 직급으로 올라갈수록 더욱 치열하다. 이런 조직 사회에 자신의 꿈을 이루기 위해서는 전략과 전술이 필요하다. 사전적 의미로 전략은 '전쟁을 전반적으로 이끌어 가는 방법이나 책략으로 전술보다 상위 개념'이고, 전술은 '전쟁 또는 전투 상황에 대처하기 위한 기술과 방법, 장기적이고 장래가 밝는 전략의 하위 개념'이다. 공직 생활에서 전략은 어디까지 승진을 할지 목표를 정하는 것이고 그 목표를 이루기 위해 장기적인 계획을 수립하는 것이다. 전술은 장기 계획에 따라 2~3년 단위의 단기 계획을 수립하여 자신의 보직 경로, 육아휴직, 자기계발 등을 추진하는 것이라 볼 수 있다.

이 책을 읽고 있는 당신의 꿈은 무엇인가? 당신이 공무원이면 최종 목적지는 정하고 달려가고 있는지 묻고 싶다. 성공적인 공직 생활을 위해 꿈은 있어야 한다. 그 꿈은 상황에 따라 수정·보완될 수도 있다. 공무원 초임 시절의 꿈은 자신의 성장에 따라 상향될 수 있다. 때로는 뜻하지 않은 파도를 만나 잠시 표류할 수도 있다. 중요한 것은 꿈이 있는 사람과 없는 사람은 조직 생활에서 극명하게 달라진다는 것이다. 꿈이 있는 사람은 업무에 몰입하며 행복을 느끼는 데 비해 꿈이 없는 사람은 의욕이 떨어지고 업무를 소홀히 하는 경향이 있다. 꿈을 향해 달려가는 사람은 당연히 업무성과도 높을 수밖에 없다. 이와는 달리 마지못해 수동적으로 일하는 사람은 업무성과도 떨어진다. 업무성과가 높은 사람은 남들보다 앞서 가는 데 비해 수동적인 사람은 승진이 늦어지고 후배로부터 추월당하기도 한다. 덕산은 꿈을 실현하기 위해 고향을 떠나 시청, 도청, 그리고 중앙부처로 자리를 이동했다. 다시 지방공무원으로 이동한 것이다. 현실에 안주하지 않고 끊임없이 자기 변화를 이어 간 것이다. 현실에 만족하며 편하게 지낼 수도 있지만, 공무원 초임 시절의 꿈을 향해 끊임없이 달려갔다. 이런 길은 결코 쉬운 것이 아니다. 새로운 근무 환경에 적응하고 주말부부 생활도 감수했다. 상급 기관으로 갈수록 업무 강도는 생각보다 강했다. 이런 어려움을 극복한 원동력은 긍정적인 마인드였고, 주어진 업무에 언제나 최선을 다하는 성실한 자세였다. 해결점이 보이지 않는 어려운 과제는 출·퇴근 버스에서, 주말에는 공원을 산책하며 해결점을 찾으려고 노력했다. 깊이 사색하다 보면 의외로 좋은 아이디어가 떠올랐다. 이것을 핸드폰의 메모장에 기록하고 다음 날 업무에 활용하였다. 토·일요일 중의 하루는 어김없이 출근하여 다음 주에 있을 주요 업무를 미리미리 챙기는 것이 소소한 습관이었다. 한·일 월드컵('02년)에서 불가능하다고 생각했던 4강 신화도, 덕산의 꿈도 이루었다. 공직 생활의 성공을 원한다면 꿈이 있어야 한다. 꿈이 있어야 이루어지기 때문이다. 꿈을 향해 달려가는 당신의 멋진 인생을 기대해 본다.

긍정적인 마인드로 꿈은 이루어진다

공직 사회에 왜 긍정적 마인드가 필요한가? 그 이유는 공직자의 특성에서 찾아볼 수 있다. 공직자의 권한과 책임은 직급에 따라 다소 차이는 있지만, 법령의 범위 내 정책을 결정하거나 집행하는 과정에 적지 않은 영향을 미친다. 긍정적인 사람은 적극적으로 시민에게 다가가는데 그렇지 못한 사람은 수동적인 자세를 보인다. 적극적이라 해서 법령과 규정을 벗어나서 판단하는 것은 아니다. 재량 행위를 할 때 긍정적인 자세면 된다. 토목·건축·환경 등 인허가 업무를 추진하는 과정에는 더더욱 긍정적인 자세가 필요하다. 법령과 규정만 따지기에 앞서 법령의 미비점은 없는지, 경직된 법 적용으로 억울하게 피해를 보는 사람은 없는지 세심하게 살피는 자세가 필요한 것이다.

긍정의 사전적 의미는 '그러하다고 생각하여 옳다고 인정하는 것'

이다. 긍정적인 사람은 어떤 과제를 지시해도 "네, 해 보겠습니다. 할 수 있습니다."라며 먼저 수용을 한다. 그렇지 않은 사람은 상사의 지시에 안 되는 이유부터 찾는다. 상사의 지시를 차마 거절하지 못하고 난감한 표정이 얼굴에 역력히 나타나는 것이다. 긍정적인 사람은 더 공격적이고 적극적이라면, 부정적인 사람은 방어적이고 소극적인 행동을 보인다. 일선 기관의 공직자를 보면 자신이 적극적인지 소극적인지 구분 못 하는 경우를 종종 보게 된다. 스스로는 긍정적이라고 하는데도 막상 업무에는 소극적인 자세를 보인다. 자신의 안위를 생각하고 방어적인 자세를 보이는 것이다. 이런 현상은 코로나19 등 국가적 재난으로 소관 부서 업무 구분이 애매한 경우나 인허가 업무 등 민원 처리 과정에 여실히 드러난다.

긍정적인 사람과 그렇지 않은 사람은 업무의 질적인 면에서도 차이가 난다. 예를 들어 법령 개정을 가정했을 때, 정보공개법을 개정하려면 정보공개위원회(이하 위원회) 심의를 통해 개정안이 마련된다. 위원회는 정보공개법의 개정이 필요한 법조문을 검토하고, 선진국 자료도 검토하는 등 충분한 논의를 거쳐 개정안을 마련하게 된다. 개정안이 완성되면 이해 관계자를 대상으로 의견을 조회하고 입법 예고를 통해 국민 의견을 수렴하여 정부안이 마련된다. 하나의 법령을 개정하려면 짧아야 6개월 길게는 1년이 소요되는 등 법령 개정에 장기간이 필요하다. 장기간 이루어지는 법령 개정 과정에 담당 공무원이 교체되기도 한다. 법령 개정에 대한 충분한 논의가 끝나면 담당 공무원이 법령 개정안을 작성하게 된다. 법령 개정안을 작성하는 과정에 긍정적인 사람과 그렇지 않은 사람의 차이가 나타난다. 법령을 충분히 습득하였는지 여부에 따라 달라진다고 할 수 있다. 법령을 충분히 자신의 것으로 만든 다음에 개정안을 작성하는 사람은 보고 과정이 순조롭게 진행된다. 이에 비해 자신의 것으로 내재화하지 못한 상태에서 보고할 때는 제대로 보고도 못 한다. 결재권자의 질문에 답변도 못 하는 현상이 벌어지기 때문이다. 결재권자는 "담당 사무관이 법령도 제대로 모른다"며 불호령을 칠 수 있다. 이와 반대로 충분히 숙지한 담당자는 "오케이, 고생했어!"라며 칭찬을 받게 된다. 칭찬은 고래도 춤을 추게 한다는 말이 있듯이 업무에 대한 칭찬은 상승 작용을 일으킨다. 이런 칭찬이 쌓이고 쌓여서 업무성과로 나타나고 이것은 선순환되어 승진으로 연결되기 때문이다.

공무원이든 회사원이든 조직 생활을 하는 직장인은 누구나 긍정적인 마인드가 필요하다. 긍정적인 마인드는 업무에 탄력이 붙어 성과를 낼 수 있다. 업무 성과를 내는 것은 자신의 꿈으로 연결된다. 꿈을 이루기 위해서도 긍정적인 마인드는 필요한 것이다. 긍정적인 마인드는 '감사하다'라는 표현에서 온다고 본다. 자신에게 친절을 보였거나 호의를 보였을 때는 즉시 '감사하다는 인사'를 나누는 것도 좋다. 일과를 정리하며 미처 감사하다는 표현을 하지 않은 사람이 있다면 '감사하다는 문자'를 보내는 것도 좋다. 나를 낳아 준 부모님에 대해서도 감사하고, 나와 함께하는 가족에게도 감사하다는 표현을 아낌없이 해 보자. 이런 행동은 일종의 자신에게 최면을 거는 것이기도 하다. 감사하다는 표현을 자주 하면 습관이 된다. 감사한 마음으로 살아가면 불안도 사라진다. 덩달아 행복도 찾아온다. 중국의 인기 작가 장샤오헝은 그의 저서 『마음의 속도를 늦춰라』에서 "감사하다고 말하는 것은 상대방을 존중하는 것이기도 하다. 남이 베푸는 호의나 헌신을 당연하게 생각해서는 안 된다. 그래서 감사에 인색한 사람은 원만한 인간관계를 맺기가 어렵다. 다른 사람과 더불어 살지 못하는 사람이 인생에서 진정한 성공을 거둘 리 만무하다. 그렇기에 감사를 느끼지도, 표현하지도 않는 것은 자기 인생을 스스로 실패로 몰아넣는 치명적 실수다."

이제 당신이 관리자라면 어떤 사람을 원하겠는가? 당연히 긍정적인 마인드를 가진 직원을 원할 것이라고 본다. 긍정적인 사고의 직원을 보면 무엇이든 도와주고 싶고 부서원으로 스카우트하고 싶은 것이 대부분 관리자의 마음이라 생각된다. 긍정적인 마인드의 사람은 업무 능력도 우수할 뿐만 아니라 조직에서 윤활유와 같은 역할을 한다. 승승장구하여 고위직의 꿈을 지닌 당신이라면 긍정적인 마인드로 자신을 무장해야 한다. 긍정적인 마인드는 늘 감사하다는 마음에서 찾아야 한다. 일상의 사소한 것부터 진심으로 감사하다는 표현을 자주 할 때 부정보다는 긍정적인 일이 많아진다. 긍정적인 일이 많다는 것은 긍정적인 시각이 많아졌다는 것을 의미한다. '감사하다'는 소소한 습관이 내재화되었을 때는 자신이 긍정적으로 바뀌게 되는 것이다. 긍정적인 마인드로 바뀌면 당신의 꿈도 이루어진다.

선택과 집중으로 꿈은 이루어진다

'이몽룡' 주무관은 이번 인사도 물먹었다. 현 직급을 따지면 7급 중에서 제일 빠른 편인데 승진에서 매번 빠진다. 6급 승진을 위해서는 근무성적평정을 잘 받아야 한다. 근무성적평정의 사전적 의미는 '공정한 인사 관리의 기초로 삼기 위하여 공무원의 근무 실적, 직무수행 능력 및 태도, 청렴도 따위를 평가하는 일'이다. 이몽룡 주무관의 근무성적평정은 국에서도 잘 나오지 않는다. 이러다 사무관 승진도 못 하고 퇴직하는 것은 아닌지 내심 불안하기만 하다. 6급 승진이 늦어지면 5급 사무관 승진도 덩달아 늦어질 수 있기 때문이다. 이몽룡 주무관이 근무하는 시청은 5급 사무관이면 과장이다. 그래도 마지막에 과장으로 승진하는 것이 꿈인데 이마저도 어려워 보인다. 시청에는 과장, 동장 등 30개의 사무관 자리는 있으나 6급 계장이 많아 절반은 6급에서 퇴직하는 실정이다. 이런 사정으로 이몽룡 주무관은 5급 사무관이 꿈이다. 시에는 국장도 세 자리 있지만, 그건 꿈도 못 꾼다. 그야말로 시에서 날고 기는 사람만이 승진하는 자리라 일찌감치 포기한 것이다.

이몽룡 주무관이 처음부터 나약한 공무원은 아니었다. 공직에 입문했을 때는 동기들과 잘 어울리며 승진도 제때 하고 혈기 왕성한 공무원이었다. 나름대로 대학원도 졸업하고, 틈틈이 어학 공부도 열심히 하는 등 자기계발을 열심히 하였다. 이런 이몽룡 주무관이 변한 것은 결혼하고부터다. 신혼의 재미에 푹 빠지는가 싶더니 이내 아기가 태어났다. 육아를 위해 툭하면 자리를 비우기도 하고 늦은 시간에 출근하기도 한다. 만 5세 이하의 자녀가 있는 공무원에게 주어지는 하루 2시간의 육아 시간을 사용하기 때문이다. 이몽룡 주무관의 배우자도 같은 공무원이다. 배우자는 출산휴가와 2년의 육아휴직을 마치고 복직을 했다. 이몽룡 주무관도 자녀 양육을 위해 1년간 육아휴직을 다녀왔다. 자연히 업무 공백이 있어서인지 아니면 자녀 양육에 관심이 많아서인지는 모르지만, 업무에 집중이 안 된다. 일하다 보면 유치원에 맡긴 어린 자녀의 얼굴이 어른거리기도 한다. 이럴 때는 멍하니 창밖을 보며, 살며시 미소를 지어 보기도 한다. 이런 행동을 하는 자신이 원망스럽기도 하지만 어쩔 수 없는 노릇이다. 이것이 매번 승진에 누락되는 이유가 아닌지 자문해 보기도 한다.

어쩌면 이몽룡 주무관이 당신일 수도 있다. 이몽룡의 승진이 늦어지는 이유를 분석해 보자. 승진 인사의 생리를 보면 시·군·구에서 7급까지 승진은 어느 정도 연공서열의 형태를 보인다. 현 직급 승진이 빠른 순서대로 근무성적평정이 주어지고, 승진도 특별한 사유가 없다면 승진 후보자 명부 순으로 승진하게 된다. 하위직이라 승진 자리도 비교적 많아 인사 적체도 일어나지 않는다. 문제는 6급 승진이다. 6급은 직책이 주어지는 계장이다. 계장은 5~7명의 팀원을 리드하는 관리자다. 공무원 조직이 피라미드 구조라 인원도 한정되어 있다. 이런 자리의 승진은 당연히 근무성적평정이 좋아야 승진하게 된다. 근무성적평정은 성실하고 일 잘하는 공무원이 잘 받을 수밖에 없다고 생각된다. 승진을 앞둔 공무원이면 적어도 3~4년은 성과 관리를 해야 한다. 이몽룡 주무관의 사례는 조직 사회의 어쩔 수 없는 현실이라고 본다. 출산장려 정책으로 육아휴직을 마음대로 사용할 수도 있다. 1일 2시간의 육아 시간을 마음대로 사용해도 근무성적평정에 불이익을 주지 않도록 제도는 마련되어 있다. 그러나 일선 기관의 계장, 과장의 위치에서 자신을 되돌아보자! 실·국장의 지시를 받아 전달하려고 이몽룡 주무관을 찾을 때 자리에 없으면 난감해진다. 업무는 타이밍이 중요하다고 할 수 있다. 긴급히 일해야 하는 과제가 있는 것이다. 상사의 지시에 감감무소식이면 어느 상사가 이해하겠는가? 승진의 바로미터로 작용하는 근무성적평정은 직원들을 1번부터 한 줄로 줄을 세우는 것이라고 볼 수 있다. 긴급히 찾을 때 자리에 없는 일이 반복되다 보면 관리자의 뇌리에 고정되어 버린다. 은연중에 '저 직원은 이런 사람이야!'라고 인식되면 현(現) 직급 승진 일자가 빠르다 해도 근무성적평정에서 밀리게 된다. 이런 점에서 울산광역시는 육아 부담을 덜어 주는 시책을 시행('20년 상반기 시행)하고 있다. '육아휴직자에 대해 근무성적평정을 부여할 때는 우(상위 60% 이내) 이상을 부여'하도록 하고 있다. 아이를 마음 놓고 키울 수 있는 좋은 출산장려시책이다.

우리나라 맞벌이 가구의 비율이 46%(통계청, 지역별 고용조사: '19년)로, 아직 절반에 미치지 못하고 있으나 '17년 44.6%, '18년 46.3%로 증가 추세에 있다. 맞벌이는 육아 문제와 가사를 어떻게 분담할지 부부간에 의논해야 한다. 신혼 때는 서로 양보하며 알콩달콩 깨알이 쏟아지리라 생각된다. 자녀가 태어나고 직장에서 자신의 직급이 높아지면 균열이 발생하기 일쑤다. 부부간의 문제일 수도 있고 자녀의 육아 문제, 가사 분담의 문제일 수도 있다. 특히 육아 문제는 가장 골치 아픈 고민거리라고 본다. 출산장려정책이 잘 되어 있다고는 하지만 여전히 1일 2시간의 육아 시간을 사용하는 것에 부담을 갖는다. 출산휴가와 만 8세 이하 또는 초등학교 2학년 이하의 자녀를 양육하기 위해 육아휴직을 하는 것은 어느 정도 조직 사회에 당연한 것으로 통용되고 있다. 그러나 육아 시간의 사용은 주변 눈총을 감수해야 한다. 이것은 조직에서 자신의 역할이 그만큼 중요한 위치에 있음을 방증하기도 하고, 업무 환경이 열악하여 생기는 현상일 수도 있다.

이제 당신의 현실을 돌아보자. 직장을 우선시하고 있는가? 아니면 가정과 직장 반반인가? 당신에게 주어진 여건과 주변 상황을 점검하여 현명한 선택을 해야 한다. 직장에는 일 잘하는 직원으로, 가정에서 자상한 아빠·엄마의 역할을 다하는 것은 정말 어렵고 힘들다. 다시 말해 그런 슈퍼맨은 덕산의 오랜 공직 생활 중 한 번도 본 적이 없다. 따라서 서로의 꿈을 이루기 위해 '선택과 집중'이 필요하다. 부부 중의 한 명은 가사에 할애하고 한 명은 업무에 집중해야 한다. 누가 육아를 부담해야 할지 정하지도 않고 그저 막연하게 사무실 사정에 따라 대충 살다 보면 이몽룡 주무관과 같은 처지에 빠질 수 있기 때문이다. 가정을 우선시한다고 직장을 그만두어서도 안 된다. 직장을 부업으로 생각하고 대충대충 일하는 것은 더더욱 아니다. 그렇다고 직장이 우선이라고 육아와 가사 부담에서 해방되었다고 생각해도 안 된다. 어린 자녀를 돌봐야 할 때 급하게 달려가는 우선순위를 정한 것으로 생각하면 된다. 우선순위를 정할 때는 성장 가능성, 성격, 주변 여건 등을 고려하는 것이 좋다. 이몽룡 주무관처럼 승진이 가깝다면 업무에 집중할 수 있도록 상대방을 배려하는 것이 부부의 진정한 사랑이라고 본다. 상대방을 배려하는 마음은 부부간의 애정도 깊어지게 한다. 이런 배려로 인해 업무의 집중으로 이어지고 성실하고 일 잘하는 직원으로 인식될 것이다. 따라서 업무와 가사에 분담을 어떻게 할 것인지 선택과 집중을 할 수 있는 강단이 있어야 자신의 꿈도 이루어진다.

멘토mentor와 걸어갈 때 꿈은 이루어진다

'이걱정'은 동 행정복지센터에 근무하는 8급 주무관이다. 초임 발령을 행정복지센터에 받아 시청에 근무도 못하고 8급 승진하여 동 행정복지센터 간의 전보인사를 통해 지금의 행정복지센터에 근무하고 있다. 이걱정은 인감발급 업무를 담당하고 있다. 동기생들 중 구청에서 승진하고 다시 동으로 내려온 직원도 있고, 잘나가는 동기는 시청에 발령을 받아 승진하여 구청에 근무하는 직원도 있다. 이걱정은 이러다 만년 행정복지센터를 전전하다 공직 생활이 끝나는 것은 아닌지 내심 걱정도 된다. 하긴 그래도 좋다고 생각된다. 동기들 모임에서 업무 부담도 없고 일과 삶의 균형work life balance에 동 행정복지센터의 근무가 '딱'이라고 한다. 경력이 쌓이다 보니 업무도 훤하고 주민들도 안면이 많아서 스트레스를 주는 사람도 없다. 무엇보다도 정시에 퇴근할 수 있다는 것에 위안으로 삼고 있다.

'이소심' 주무관은 군청에 근무하는 7급 주무관이다. 이 주무관은 즐거워야 할 점심시간이 괴롭다. 사무실에 혼자 남아 도시락을 먹기도 창피하다. 그렇다고 점심시간에 함께할 정도의 동료도 없다. 군청 주택과로 발령을 받은 지 벌써 3개월이 되어 가지만, 계장과 계원들이 따로 놀고 있다고 생각했다. 다른 팀 직원들의 화기애애한 분위기에 샘이 나기도 한다. 그렇다고 자신이 붙임성이 좋은 것도 아니어서 다른 팀에 어울려서 함께하는 것도 쑥스럽다. 점심시간만 그런 것은 아니다. 저녁에 야근할 때도 컵라면으로 해결하는 것이 다반사다. 야근이 필요한 사람은 사전에 시간 외 근무 명령을 받아야 하고, 식당을 이용할 수 있는 식권이 배부된다. 이런 절차가 번거롭기도 하고, 어린 자녀들이 기다리고 있어 잔무를 빨리 끝내야 하기 때문이다. 자신이 주택과에 적응을 잘못하고 있는 것인지 고민이 많다. 그렇다고 소소한 고민을 터놓고 이야기할 마땅한 친구도 떠오르지 않는다. 자신의 속사정을 동료에게 이야기하는 것도 부담스럽다. 어쩌면 자신의 치부를 드러내는 것이기도 하고 동료들이 나의 경쟁자라는 심리인지 모르겠다.

사례로 등장하는 주무관의 사정에 공감이 가는가? 이걱정은 구청이나 시청에 근무하지 못하는 자신의 처지를 비관하고 있다. 이소심은 군청 주택과에 입성했지만, 조직 문화에 적응하지 못하고 있다. 이런 고민은 이들만의 문제는 아니라고 생각된다. 공무원 신규 발령을 받아 조직에 적응하는 것은 쉬운 일은 아니지만 스스로 극복해야 한다. 지금까지 선배 공무원이 그래 왔듯이 시간이 가면 해결되는 문제다. 새내기 공무원들과 10년, 20년 근무한 직원들은 의식도, 성장 과정도 다르다고 본다. 시대가 다르다고 해서 공직 사회의 원리가 바뀌는 것은 아니다. 공무원의 역할과 사명은 변함이 없기 때문이다. 공직 사회에 빠른 적응을 위해서는 먼저 업무를 파악하는 것에서 출발한다. 업무를 습득하는 문제는 개인에 따라 다양하다고 할 수 있다. 모르는 것은 지침과 법령을 먼저 찾아보고 이해가 안 되는 부분은 전임자와 선배를 통할 수 있다. 자존감을 버리고 상사와 동료에게 다가갈 때 조직에서 소외감도 사라진다. 소외감은 본인 스스로 느끼는 문제가 더 크다고 볼 수 있다. 공직 사회는 무미건조할 뿐 특정인을 대놓고 소외시키는 조직이 아니기 때문이다. 자신이 당당하게 밀고 나가면 아무런 문제도 없다고 본다. 말처럼 쉬운 일은 아니겠지만 긍정적인 마인드로 극복해 나가야 한다.

복잡하고 다양한 구성원이 모인 조직 사회에 스트레스를 안 받는 사람은 없을 것이다. 때로는 부담스러운 업무로, 해결점을 찾기 어려운 민원으로 스트레스를 받을 수 있다. 스트레스 중에도 승진에 탈락하였을 때는 겪어 보지 않은 사람은 모른다. 이걱정과 이소심의 사례와 같이 힘들고 어려운 시기에 자신의 편에서 이야기를 들어주는 사람이 있으면 얼마나 좋을까? 진지하게 경청하고 조언을 해 주는 선배와 따뜻한 상사가 그리워진다. 그런다고 고민이 당장 해결되는 것은 아니지만, 부담 없이 고민을 들어주고 토닥토닥 등을 두드려 주는 사람이면 족하다. 조직 생활이 아니라도 인생길을 걸어가며 언제나 부담 없이 조언해 줄 수 있는 사람이 필요하다. 멘토mentor의 사전적 의미는 '경험과 지식을 바탕으로 다른 사람을 지도하고 조언해 주는 사람'이다. 멘토라는 단어는 그리스 신화에 등장하는 오디세우스의 충실한 조언자의 이름인 '멘토르'에서 유래하였다고 한다. 덕산은 공직 생활 초창기부터 중앙부처에 재직하는 외사촌 자형을 멘토로 생각했다. 공직 생활이든 인생사든 상담하고 조언을 구했다. 그렇다고 멘토가 되어 달라고 부탁하지도, 할 필요도 없었다. 지방과 중앙부처를 오가는 공직 생활 내내 크고 작은 문제를 상담했다. 힘들고 어려운 문제는 직접 찾아가 이야기를 나누고 때로는 전화로 상담도 했다. 멘토 덕분에 큰 어려움 없이 공직 생활을 마무리할 수 있었다. 덕산보다 10년 연배인 멘토의 퇴직 후에는 책으로 공백을 메웠다. 서적을 통해 흐트러지기 쉬운 마음을 다스려 온 것이었다. 법정 스님의 『스스로 행복하라』, 『좋은 말씀』, 사마천의 『사기 열전』(조장연 역주) 등 좋은 양서는 덕산의 멘토 역할을 충분히 하고 있다.

이제 당신의 멘토를 고민해 보자! 오로지 당신을 위해 조언해 줄 멘토는 있는지 묻고 싶다. 그런 사람이 없다면, 당신의 인생을 위해 아무런 조건 없이 후원해 주는 멘토를 찾기 바란다. 멘토는 당신의 업무를 이해해 줄 수 있는 사람이면 좋다. 그리고 개인 신상도 상담할 수 있는 사람이면 더욱 좋다. 이런 사람을 찾기란 쉬운 일이 아니다. 그렇다고 너무 멀리서 찾을 필요도 없다. 언제나 내 편이면 된다. 그 대상은 당신의 배우자, 선배, 스승 중에 찾을 수도 있다. 아니면 함께 근무하는 롤 모델의 상사와 선배를 멘토로 해도 된다. 그렇다고 멘토가 되어 달라고 의식적으로 접근해서도 안 된다. 상대방이 부담을 느낄 수 있기 때문이다. 그저 평소와 다름없이 고민을 털어놓고 조언을 구하면 충분하다. 당신의 속내를 이야기할 정도로 친숙하면 되는 것이다.

우리의 인생은 연습 없이 물 흐르듯 쉼 없이 달려간다. 이 길은 누구도 정답을 가르쳐 주지도, 가르쳐 줄 수도 없다. 오로지 자신만이 덩굴 숲을 헤치고 길을 찾아 떠나야 한다. 이런 길을 바르게 가고 있는지 아니면 샛길로 잘못 들어선 것인지 누군가 조언을 해 준다면 보다 안전한 길이 될 것이다. 공직 생활도 마찬가지다. 누구도 대신할 수 없기에 좌충우돌 실수할 수도 있다. 실수를 범했을 때 입게 되는 내상은 상대적으로 클 수밖에 없다. 어쩌면 회복 불가능할 수도 있다. 이런 내상을 예방할 수 있다면 얼마나 좋을까? 솔로몬의 지혜가 필요한 것이다. 솔로몬의 지혜를 지닌 사람, 언제든지 편하게 이야기를 들어주고 조언해 줄 수 있는 사람이 필요하다. 이런 사람을 멘토로 지정하여 함께 걸어갈 때 당신의 꿈은 이루어질 것이다.

직원들은 이런 상사를 원한다

월요일 오전 10시 실장님 주재 간부회의를 마치고 돌아온 '박성과' 과장은 직원회의를 소집했다.

"이 팀장, 지난번 지시한 것 처리는 어떻게 되었어?"

"예, 지난주는 주민 의견을 수렴하고 이번 주는 보고를 드리도록 준비하겠습니다."

"아니, 여태 주민 의견만 수렴하고 아직도 홀딩 상태면 도대체 언제 보고하는 거야? 속도를 내!"

사실 이 팀장은 일도 잘하고 사람 좋기로 소문난 서기관이다. 이런 팀장을 직원들 앞에서 혼내는 것이었다.

"김 계장, 정보공개조례 개정안은 언제 보고할 거야?"

"아, 네. 다음 주는 되어야 할 것 같습니다. 정보공개위원 한 분이 해외 출장 중이라 의견서 취합이 늦어지고 있습니다."

"이 사람이? 해외 갔으면 이 메일을 통해 받아. 지금 당장 국제전화를 해서 이번 주는 의견을 달라고 독촉을 하라고!"

이렇게 박성과 과장은 한바탕 직원들을 다잡아 놓고서야 회의를 마쳤다. 박성과 과장은 상사의 절대적인 신임을 받는 잘나가는 과장이다. 지금까지 주요 부서만 근무하고 직원들의 업무를 챙기는 데는 이골이 날 정도로 도가 텄다. 직원들은 찍소리도 못 내고 열심히 일하는 수밖에 없다. 박성과 과장의 업무 성과는 당연히 최고를 달리고 있다. 부서평가는 일등을 도맡아 하고, 부처평가도 여러 번 우수 기관으로 선정되기도 하였다. 박성과 과장의 업무 스타일은 한마디로 최대한 직원들을 긴장 상태로 끌어올렸다가 어느 정도 느슨해지면 다시 직원회의를 통해 속도가 늦은 직원에게 눈물이 핑 돌 정도로 혼을 내는 것이다. 완급을 조절하며 긴장 상태를 유지하는 탓에 직원들의 입에서는 시소를 탄다는 말이 나돌았다. 이런 과장 밑에는 일 잘하는 직원들만 남는다. 실·국 주무과라 인사철이면 실에 전입한 직원 중에 우수 직원을 우선 배치하고 있기 때문이다. 자연히 어느 정도 일 잘하는 직원들로 구성될 수밖에 없다. 직원들은 힘들어 죽겠다. 다른 부서로 가겠다고 하면서도 정작 전보 희망자는 없다. 이유는 승진에 있었다. 다른 과에 비해 부서평가가 높게 나오는 탓에 직원들의 근무성적평정도 잘 나오기 때문이다. 이는 승진과도 연결되어 당연히 다른 과에 비해 승진이 빠를 수밖에 없다. 박성과 과장은 직원들을 혹사하는 대신에 승진으로 보상하는 스타일이다. 직원들은 '승진을 위해 참자, 참으면 승진할 수 있다.'라며 그저 참으며 일하고 있다.

'이연결' 과장의 업무 스타일은 윗분이 지시하면 지시한 사항에 곁가지를 치는 식이다. 그것도 별로 중요하지도 않은 것을 첨가해서 업무를 지시하는 것이다. 직원들은 일이 많아 파김치가 되어 가도 실장님 지시 사항이라며 업무 지시를 하는 것이다. 정작 열심히 만들어 실장께 보고를 드렸더니 별 관심도 보이지 않을 때가 많다. 때로는 과 내 업무가 아닌데도 덥석 받아 오는 예도 있다. 실장실에서 부서가 불분명한 업무를 조정하는 회의에 마음 약한 과장이 "제가 하겠습니다."라며 손을 드는 것이었다. 직원들은 연고가 적은데도 업무를 받았다며 과장에게 항의도 해 보지만 별 소용이 없다. 맥이 빠지는 것은 지시받은 사항을 전달 과정에 살을 붙여서 전달하는 것이다. 꼭 필요한 내용이면 모르지만, 과장이 판단하여 살을 붙인 것은 대개가 불필요하고 업무를 양산하는 격이었다. 이것은 직원들의 업무 과부하로 연결되어 전체 업무 흐름이 늦어지는 원인이 된다. 이런 사정으로 연말에 점검하는 미결 사항이 실 내에서 꼴찌라는 불명예를 얻기도 했다. 이연결 과장은 뭔가 성과를 내겠다고 이것저것 업무를 벌여 보지만 별 성과는 없다. 일만 벌이고 마무리하지 못하는 과장으로 부처 내에 정평이 나 있다.

'김선비' 과장은 도청에서 사람 좋기로 정평이 났다. 과장 발령을 받고 1년이 다 되어 가건만 한 번도 직원들을 다그친 적이 없다. 아니, 과장이 있는지 칸막이 넘어 살펴보고서야 결재를 받으러 가는 정도다. 때로는 늦은 시간까지 야근하는 직원을 위해 통닭도 사 오고, 직원들과 저녁 회식을 할 때는 사비로 계산도 한다. 처가댁이 부자라 물려받은 재산이 많아서 그렇다는 소문도 있다. 그러고 보니 양복도 귀티 나고 자가용도 중형차인 걸 보면 어느 정도는 사실인지 모른다. 김선비 과장의 단점이라면 업무성과가 낮다는 점이다. 부서평가는 늘 하위권을 맴돌고 윗분의 지시 사항은 독촉을 받고서야 결재를 올린다. 이런 사정으로 직원들의 근무성적평정도 낮을 수밖에 없다. 하기야 과의 서열도 국에서 네 번째로, 말석 과라서 그렇다고 자위를 해 보기도 한다. 그래도 사무실 분위기는 화기애애하고 가족 같은 분위기라 직원들은 대체로 만족하는 편이다.

당신이 과장이라면 어떤 스타일의 관리자인가? 국장 승진을 위해서는 직원들에게 가혹하더라도 인사권자의 인정을 받을 수 있는 박성과 과장의 스타일인가? 아니면 이제 퇴직을 얼마 남겨 두지 않은 김선비 같은 관리자인가? 이것도 아니면 뭔가를 열심히 하려고 노력하는 이연결과 같은 입장인가? '설마, 이연결은 아니야.' 하고 손사래를 칠 것이다. 지방자치단체에서 과장의 직위를 달았을 때

퇴직을 얼마 남겨 두지 않은 사람이 많이 있다고 생각된다. 이런 과장은 경험도 부족하고 직위에서 오는 중압감으로 이연결과 같은 스타일로 흐를 수 있음을 경계해야 한다. 공무원 노조의 입김이 센 지방자치단체는 계장급 이상을 대상으로 베스트best, 워스트worst 간부 공무원을 매년 선발하고 있다. 베스트 공무원은 보도 자료를 통해 공개하는 데 비해 워스트 공무원은 개별적으로 통보하고 인사권자에게 보고한다. 인사자료로 활용하라는 의미도 있다. 한마디로 베스트 공무원은 주위의 귀감으로 홍보하고 워스트 간부는 무언의 압력으로 작용하고 있다. 이런 영향으로 직원을 함부로 대하는 태도는 점점 사라지고 있다는 점에서 긍정적인 측면도 있다. 그러나 베스트, 워스트 선발을 지나치게 의식하여 관리자의 역할을 망각하는 부작용도 있다고 본다. 이런저런 이유로 중앙부처에 따라서는 베스트, 워스트를 선발하지 않고 있다.

다시 직원들의 입장으로 돌아가자. 주 5일 근무, 가정의 날(매주 수요일, 금요일 정시 퇴근으로 기관에 따라 다름) 등 워라밸이 강조되는 시대에 살고 있다. 워라밸은 'work-life balance'의 줄인 말로, 일과 개인의 삶 사이의 균형을 강조하는 말이다. 이런 시대에 박성과 과장보다는 김선비 과장이 직원들에게 인기가 있을 수도 있다. 직원에 따라서는 조직의 성과보다는 개인의 삶이 강조되는 측면이 강하기 때문이다. 조직의 생리상 아무리 좋은 관리자라도 없는 편이 더 좋다는 것이 예나 지금이나 직원들의 입장이다. 따라서 과장이 있는 듯 없는 듯 별다른 간섭을 하지 않는 김선비를 더 원할 수도 있다. 그러나 당신이 인사권자라 생각해 보자! 공약 사항을 임기 내 완료해야 하고 시민들의 여론에 민감한 자치단체장은 어떻게 하든 열심히 일하는 박성과 과장을 선호할 것이라고 본다. 여기에 딜레마가 있는 것이다. 직원들에게 인기 있는 관리자가 될 것인지 아니면 인사권자에게 잘 보일 것인지. 행정 조직을 하나의 오케스트라단으로 가정해 보자. 지휘자는 인사권자가 된다. 오케스트라orchestra의 악기들은 현악기, 목관악기, 금관악기, 타악기의 네 가지 그룹으로 나뉜다. 100여 명의 단원이 하나의 하모니를 내는 것은 쉬운 일이 아니다. 지휘자의 지휘봉에 따라 연습에 연습을 거듭해야 한다. 피나는 노력 끝에 장엄한 연주를 할 수 있다. 연주 중에 음의 균형을 맞추지 못할 때 청중이나 지휘자는 단번에 알아본다. 이런 상황에서 당신이 맡은 조직의 관리자 역할을 다하지 못하면 그것은 오케스트라단에서 음을 이탈하게 된다. 그렇다고 이연결과 같이 인사권자를 과도하게 의식하여 불필요한 일을 양산하는 것도 비효율적이라고 본다. 직원들에게 업무를 과중하게 전가하는 것도 갑질에 해당하기 때문이다. 의욕이 앞선 나머지 일방적으로 지시해도 안 된다. 워라밸이 강조되는 시대의 흐름에 직원들이 외

면할 수도 있다. 김선비와 같이 조직의 성과는 안중에도 없고 오직 직원들의 인기에 영합해서도 안 된다. 따라서 조직의 성과를 위해서는 박성과의 좋은 점을 취하고 직원들의 인기에 어느 정도 부합하기 위해서는 김선비의 좋은 점을 선택해야 한다. 조직이 바라는 관리자는 베스트 공무원도 아니고 워스트 공무원도 아니다. 워스트에 가까운 간부를 조직은 원하고 있다. 다시 말해서 조직의 성과를 위해 과감하게 직원들에게 싫은 소리를 할 수 있어야 한다. 그렇게 하는 것이 관리자의 진정한 지도력이고 역량이다.

관리자가 갖추어야 할 10가지

1. 조직의 목표를 명확히 설정하고 추진하라.
2. 직원을 신뢰하면서 과감하게 업무를 위임하라.
3. 업무 판단은 공익과 사익의 균형을 맞춰라.
4. 청렴하고 공사를 구분하라.
5. 직원들의 고충 상담을 들어 줘라.
6. 가부는 명확히 하되, 상대에게 예의를 갖춰라.
7. 기자, 의원 등 인간관계를 중요시하라.
8. 독서 등을 통해 절제 능력을 갖춰라.
9. 건강을 위해 지나친 술, 담배를 경계하라.
10. 노년까지 건강하게 살기 위해 꾸준히 운동하라.

상사는 어떤 직원을 선택할까?

흔히들 상사는 직원들이 지금 무엇을 하는지 보인다고 한다. 계장은 직원들이 4~5명 정도이니 당연하고, 과장도 부서원이 15명 내외라 가능하다고 본다. 실·국장의 자리에서 100여 명이 넘는 직원들을 볼 수 있을까? 아니, 직원들을 리드하기 위한 '뻥'이 아니냐고 할 수도 있다. 아니다. 주요 포인트에 포진한 직원들의 업무 형태는 자연히 드러나고, 문제가 있는 직원들은 계선 조직을 통해서 보고를 받기 때문에 실·국내 직원들의 근무 형태를 알 수 있다. 여기서 다 보인다고 하는 것은 업무를 얼마나 성실히 잘하고 있는가의 문제다. 그러니 오해가 없기를 바란다.

'이불안'은 오늘도 시간 외 근무 신청을 냈다. 시 의회의 행정사무감사 자료를 작성하기 위해서다. 10월부터 연말까지는 예산안 심사도 있고 내년도 업무 보고 준비도 해야 한다. 이런저런 일로 야근을 계속해야 원만하게 업무가 돌아간다. 이불안은 담당 팀의 차석으로 6급 주무관이다. 직원 중에 업무 과부하가 생기면 자신이 나서서 해결해야 하고, 팀의 분위기를 주도하는 것이 차석의 역할이다. 차석의 역할에 대해서는 선배들에게서 수없이 들어 왔다. 직원들의 야근에 동조하기 위해 야근을 하고 자신의 업무로 인해서도 야근을 한다. 이런저런 이유로 야근이 잦다 보니 아내와 다툼도 많아지고 있다. 가사와 어린 자녀의 양육을 등한시한다는 것이 아내의 불만이다. 이런 아내를 이해하지 못하는 것은 아니지만 차석이라 어쩔 수 없다고 생각된다. 무엇보다도 승진을 위해 업무에 몰입하는 자신을 몰라주는 아내가 야속하기만 하다.

'박출석'은 시청에 근무하는 7급 주무관이다. 오늘도 10시에 출근했다. 유치원에 다니는 딸을 데려다주고 출근하는 문제로 유연근무제를 활용하고 있다. 유연근무제는 근무 시간과 장소를 조절하는 유형으로 탄력근무제, 시차출퇴근제, 근무시간 선택제 등 다양한 형태로 주 40시간 근무를 개인의 사정에 따라 조절할 수 있다. 이에 따라 주 3.5일 근무도 가능하고 부서별로 월간 초과 근무 총량을 미리 정하는 '자기 주도 근무시간제'를 활용할 수 있다. 유연근무제 활성화를 위해 각 행정 기관의 부서평가에 반영하고 인사에 불이익을 줄 수 없도록 하고 있으나, 유연근무제를 시행한 지

10년('11년 7월) 넘게 부서평가에 반영하고 있다는 점에서 여전히 직원들은 상사의 눈치를 본다고 생각된다. 이런 분위기에 10월에도 유연근무제를 지속하는 것은 상당한 부담이 되지만, 아내도 공무원이라 어쩔 수 없는 형편이다. 그렇다고 야근하는 것도 부담스럽다. 유치원에 다니는 딸아이의 문제도 있고 집안일을 도와야 하는 문제도 있다. 자연히 업무는 쌓이고 대충대충 일하다 보니 허점도 많이 드러난다. 보고서에 오타가 많아지고 필요한 자료를 누락시키는 사례도 있다. 시간에 쫓겨 작성한 보고서는 부실로 이어져 상사로부터 혼나기도 한다. 박출석은 7급 6년 차로, 6급 승진을 앞두고 있다.

덕산은 도에 근무할 때의 별명이 '독일 병정'이었다. 워낙 일밖에 몰라 붙은 별명이다. 내성적인 성격에 업무 처리도 빈틈이 없다. 덕산은 6급 3년 차로, 도에서 5급 사무관 승진을 위해서는 4년 정도 기다려야 하지만 개의치 않고 오로지 업무에 몰입하였다. 아이디어가 많아 정형화된 업무보다는 도시공사 설립 등 프로젝트 업무에 적합한 편이다. 이런 덕산이기에 꿈도 크다. 최소한 시·군의 부시장이나 부군수를 꿈꾸고 있다. 꿈을 향해 업무에 몰입하다 보니 가정은 전적으로 아내의 몫이다. 아내도 공무원 맞벌이로 시작하였으나 중간에 그만두도록 설득하여 외벌이 생활을 하고 있다. 경제적으로는 다소 어려움이 있으나 업무에 몰입하는 자신이 행복하다.

이 글을 읽고 있는 당신이 직원이라면 어떤 유형에 속하는지 묻고 싶다. 덕산과 같이 꿈을 향해 업무에 '몰방'하고 있는가? 아니면 맞벌이 부부로서 업무와 가사·육아 문제로 이불안처럼 고민에 빠졌는가? 아니면 가정에 충실한 박출석의 입장인가? 제시한 유형이 당신과는 상관없을 수도 있다. 직원들의 여건이 다양하고, 개인 사정에 따라 외벌이나 싱글single일지도 모른다. 다양한 요소를 상쇄하고 직원들을 3가지 유형으로 압축하였다는 것을 미리 밝힌다. 상사의 입장에서는 누구나 어떤 업무를 맡겨도 거뜬히 해낼 수 있는 덕산을 선호할 것이라고 본다. 이런 직원들이 동료들과의 관계를 원만히 하는 직원이면 더더욱 선호할 것이라고 본다. 주요 부서에 자리가 생기면 '누구는 어디로 간다', '누구누구는 과장이 추천했다' 복도 통신이 그럴싸하게 퍼진다. 승진을 위해 주요 부서로 자리를 이동해야 유리하다는 것은 누구나 알고 있다. 이런 자리에 가기 위해서는 업무에 몰입해도 모자랄 판에 박출석과 같은 자세를 보이면 곤란하다고 본다. 출산장려정책을 모르는 바는 아니지만, 공직사회는 최선을 다하는 성실한 직원을 원하는 것이 현실이다. 박출석은 아직 승진도 많이 남았고 직장보다는 가정에 더 충실한 것이 어쩌면 현명한 판단일지 모른다. 그렇지만 한창 바쁜 업무로 다른 직원들은 최소한 30분 전에 출근하는데 10시에 나타난다면 누가 좋아하겠는가? 이런 점에서 박출석은 선호하지 않는다고 본다. 이제 이불안을 들여다보자. 나름대로 차석의 자리를 충실히 이행하는 행동은 좋은 점이다. 그렇지만, 육아와 사무실 문제로 고민을 할 시기는 아니라고 본다. 5급 사무관 승진을 위해서는 업무에 몰입해야 한다. 이런 시기에 가사와 육아 문제로 아내와 다툰다면 가사도 직장도 마이너스다. 그만큼 자신의 꿈 달성에는 점점 멀어져 간다고 본다. 시·도의 5급 사무관은 계장이다. 계장은 직원 승진과는 차원이 다르다. 행정 조직은 피라미드 구조라 상위 직급으로 갈수록 자리도 적고 치열한 경쟁을 통과하기 때문이다.

이제 당신이 관리자가 되었을 때를 가정해 보자. 어떤 직원을 원하겠는가? 아마도 덕산을 원할 것이다. 그리고 이불안, 박출석 순으로 선호하리라 생각된다. 상사라면 누구나 일당백을 할 수 있는 성실한 직원을 선호하는 이유는 너무나 자명하다. 상사는 직원들의 고혈로 먹고산다는 웃지 못하는 이야기가 있듯이, 성과를 내기 위해서다. 계장도 과장도 성과를 내야 상위 직급으로 승진하기 때문이다. 자신의 승진을 위해 직원들의 어려운 여건에는 그렇게 관심을 두지 않는다. 냉정하게 말해서 육아와 가사 문제로 고전하는 이불안의 입장이나 박출석의 사정은 어디까지나 개인 사정으로 치부할 수 있다. 그렇다고 덕산과 같이 잘 근무하는 아내의 직업을 포기하게 하는 것은 시대 상황에 어울리지 않는다. 어느 정도 문화생활을 누리고자 한다면 적정한 수입이 보장되어야 한다. 따라서 어느 정도 현실에 타협해야 한다. 상사의 입장, 조직이 바라는 바를 어느 선까지 충족시키며 생활할 것인지 고민하고 자신의 목표를 정해야 한다. 목표는 어디까지나 현실에 기반을 두어야 한다. 현실성 있는 꿈이라야 이루어질 수 있다. 그런 꿈을 향해 달려갈 때 성공도 행복도 함께 누릴 수 있다.

직원이 갖추어야 할 10가지

1. 주어진 업무에 최선을 다해 성과를 내라.
2. 업무 판단은 공익과 사익의 균형을 맞춰라.
3. 청렴하고 사익을 추구하지 마라.
4. 긍정적인 마인드로 임하라.
5. 상사의 입장에서 판단하라.
6. 동료를 배려하는 등 원만한 관계를 유지하라.
7. 교수, 연구원 등 인적 네트워크를 소중히 생각하라.
8. 독서 등을 통해 절제 능력을 키워라.
9. 술, 담배 등을 절제하라.
10. 건강을 위해 규칙적인 운동을 하라.

최고 전문가가 되어라

전문가다운 소양을 갖춰라

사무관 승진시험을 통과하던 시절이다. 건설과장은 승진시험 공부와 업무 처리로 정신없이 바쁘게 보내고 있는데, 옆 사무실의 건축과장은 이 과, 저 과를 다니며 한가롭게 시간을 보내고 있었다. 시에서 2개 구청이 개청되면서 같은 날짜에 승진했는데 두 사람이 너무 대조적이라 차석에게 물었더니 건축과장은 건축기술사 자격증이 있어 5급 사무관 필기시험이 면제된다는 것이었다. 요즘은 시험 제도를 거치지 않고 심사로 승진하여 공무원 교육원의 '5급 사무관 임용 후보자 교육과정'을 이수하면 사무관 임용을 받게 된다. 전문가(專門家)는 사전적 의미로 '어떤 분야를 연구하거나 그 일에 종사하여 그 분야에 상당한 지식과 경험을 가지 사람'이다. 행정의 전문가는 공무원 장기 재직 경력, 전문 지식이나 기술을 습득하면 전문가라고 할 수 있다. 장기 재직은 업무의 지혜를 축적하여 비상시에 직관력을 발휘할 수 있기 때문이다.

따라서 행정의 전문가는 20년 이상 재직 경력이 있고, 기술사 자격증을 소지하였거나 과장 직위에 오른 자를 지칭할 수 있다.

시청에 출입하는 김 기자는 "요즘 과장은 직급 인플레inflation로 과장답지 못한 사람이 있다."라는 말을 했다. 이 글을 읽고 있는 당신은 동의하는가? 직급 인플레가 되었다는 것은 수긍이 간다. 20년 전에 의령군청의 5급 과장은 13자리였으나 지금('20년)은 21자리로 증가하였으니 맞는 말이다. 그러나 과장답지 못하다는 말은 전적으로 동의할 수 없다. 과장의 직위에 오른 사람을 옛날과 비교한다는 것은 물리적으로 어려울 뿐만 아니라 비교해서도 안 된다. 무엇보다도 지시 일변도의 권위주의 시대와 지금의 자율과 개성이 존중되는 관청의 분위기도 다르기 때문이다. 오히려 기자 자신도 평기자로 있을 때 시각과 국장 승진 후 과장을 보는 시각이 다를 수 있다. 그래도 과장 자리가 많다 보니 다소 역량이 떨어지는 사람도 있을 수 있다. 그것은 정년을 1~2년 앞둔 직원을 배려하는 차원에서 승진한 사례라 생각된다.

과장다운 사람, 전문가로서 손색이 없는 사람은 먼저 행정 업무에 대한 지식을 갖추어 나가야 한다. 지식은 주어진 업무에 국한되지 않는다. 업무와 연계된 지식까지를 숙지하는 것이 필요하다. 예를 들어 울산 태화강 국가 정원 담당자는 태화강의 발원지를 설명할 수 있어야 한다. 발원지는 가지산 쌀바위(45.43㎞)와 백운산 탑골샘(47.54㎞)으로 나뉘어 있다. 지방도로 업무 담당자는 돋질로의 유래 정도는 숙지해야 한다. 돋질로는 울산광역시 남구 신정동 봉월사거리에서 출발하여 삼산동 명촌교 남 교차로에서 끝나는 도로명이다. 『한국지명유래집』 '경상편'에 따르면 돋질산은 남구 야음 장생포동 울산항 부두 입구에 있는 고도 89.2m의 야트막한 산이다. 예전에는 옛 시가지 쪽에서 이 산을 볼 때 돼지의 주둥이가 북쪽으로 튀어나온 듯하며 돼지머리와 같이 생겨서 '돋질산'이다. '돋'은 돼지의 옛말이고 '질'은 머리를 뜻하는 방언이다. 사회복지 담당자는 사회복지사윤리강령 정도는 습득해야 기초생활보장 수급자, 노인, 장애인 등 사회적 약자를 배려하는 복지 마인드가 형성된다.

둘째, 전문가라면 학력이든 자격증이든 하나 정도는 내세울 수 있어야 한다. 행정 조직에서 학벌을 중요시하는 시대는 아니지만, 전문가는 석사 학위 이상을 준비하는 것이 좋다. 자격증은 토목기술사, 건축기술사, 세무사, 사회복지사 1급 정도를 취득해야 한다. 그렇게 해야 자기 분야에 대한 이론적 뒷받침을 할 수 있다. 혹자는 '실력만 있으면 되지 무슨 자격증이 필요하냐?'라며 이의를 제기할 수도 있다. 여기서 자격증은 석사나 기술사 자격증을 가진 자를 편의상 지칭하고자 한다. 전문가는 회의, 세미나 등에 참석하였을 때는 실력을 발휘할 수 있어야 한다. 부서장의 자격으로 회의에 참석했을 때 자격증이 있는 사람과 없는 사람은 발언부터 다르다고 본다. 자격증이 있는 과장은 전문 용어를 구사하며 고급스러운 발언을 할 수 있다. 이에 비해 자격증이 없는 과장은 표현이 서툴고 그저 현장 경험을 나열하는 정도의 발언을 할 것으로 생각한다. 보편적으로 그렇다는 의미다. 개인에 따라서는 자격증이 없어도 역량이 뛰어난 부서장도 있다. 자격증의 취득은 재직 중은 물론이고 은퇴 이후 인생 2막을 준비할 때도 상당한 도움이 될 수 있다.

셋째, 전문가는 리더십이 있어야 한다. 과장은 직원들을 관리하고 업무를 총괄한다. 관리는 직원들의 근무 실태만을 의미하지 않는다. 부서가 잘 운영될 수 있도록 직원들의 사기 앙양에 힘써야 하고, 직원들의 근무성적평정도 공정하게 해야 한다. 공정은 직원들이 수긍할 수 있는 방향으로 근무성적평정을 해야 한다. 간혹 일등을 달라고 강력하게 주장할 때는 슬기롭게 대처해야 한다. 수용하지 않을 때는 왜 그런지 이해할 수 있도록 설득해야 한다. 인사 시즌은 부서 직원의 승진을 위해 응원해야 한다. 승진 인사는 조직 전체를 제어하는 인사부서의 역할에 좌우되지만 그래도 최선을 다해 움직이는 모습을 보여 주는 것이 관리자의 역할이다. 그래야 승진에 누락되어도 과장을 신뢰하고 따른다. 관리자는 기획력과 판단력도 있어야 한다. 그래야 업무 성과를 낼 수 있다. 직원 하나하나 관심을 두고 어루만져 주는 따듯한 리더십도 있어야 한다. 이런 역할을 잘한다는 것은 결코 쉬운 일이 아니다. 부서장의 역량이 뛰어나야 가능하다. 관리자로 승진하기 전에 자신이 부서장의 역량을 갖추었는지를 성찰해야 한다. 미리미리 '과장 후보자 역량 교육', 갈등관리 교육이나 리더십 관련 책을 통해 자신의 역량을 향상해 나가야 한다. 세상의 진리는 준비된 자만이 성공이라는 열매를 딸 수 있기 때문이다.

넷째, 행정의 새로운 트렌드trend를 선점해 나가야 한다. 이를 위해 자신의 업무와 관계되는 정책 자문위원, 학계, 언론계의 인사와 소통하는 자세가 필요하다. 전문가와 대화를 하다 보면 자연스럽게 사회적 이슈로 흘러가게 된다. 이런 고급 정보를 행정 조직에 전달하는 가교 역할을 수행해야 한다. 이를 통해 행정도 발전하고 자신도 성장하리라 생각된다.

누구나 전문가로 성장하기를 바라지만 현실은 그렇게 녹록하지 않다. 주어진 업무를 수행하기도 하루하루가 바쁘게 지나간다. '20년은 코로나19 전염병 대응으로 얼룩져 본업을 뒤로하고 비상 근무에 매

달렸다. 이런 중에도 전문가를 꿈꾸는 당신은 틈틈이 기본 소양을 갖추어야 한다. 그것은 아무나 할 수 있는 일이 아니기에 당연히 누구나 관리자로 성장하지 못한다. 기본 소양은 업무 지식, 학력. 자격증도 필요하다. 무엇보다도 관리자의 리더십도 필요하다. 때로는 전문 교육도 받아야 하고 책을 벗 삼아 놀아야 한다. 어쩌면 가까이 있는 상사를 통해 배울 수도 있다. 과장의 행동을 관찰하는 것도 하나의 방법이 된다. 우수한 과장과 그렇지 못한 과장을 비교하며 좋은 점을 메모하여 과장 승진에 대비한다면 귀중한 비책이 될 수 있다. 비단 과장에 국한되지 않는다. 아직은 영글지 못해 직원이면 계장을 대상으로 할 수도 있다. 이런 노력이 디딤돌이 되어 당신은 틀림없이 훌륭한 관리자로 성장해 나갈 것이다.

전문가로서 기획 능력을 갖춰라

'임성호'는 연두 업무보고서의 작성을 주도하는 정책기획계장이다. 연두 업무 보고는 도민들을 대상으로 지난해 추진한 성과와 금년도 역점으로 추진할 시책을 담은 보고서라고 할 수 있다. 이런 보고서는 도지사의 공약 사항, 도정 주요 시책이 총망라된 내용으로 구성되어 있다. 임성호는 보고서 작성 서식을 각 실·국 주무 계장 회의를 통해 배부했다. 실·국은 내부 검토를 거쳐 보고서를 작성하여 정책기획계로 제출한다. 임성호는 실·국 자료를 취합하여 검토하게 된다. 검토 단계는 10대 도정 목표를 정하고(부단체장 주재 실·국장 회의), 단체장 주재로 실·국별 업무보고회를 통해 점검한다. 이런 절차로 연두 업무보고서는 보통 10월부터 그해 말에 마무리한다고 보면 된다. 연두 업무보고서의 기획부터 각 부서의 내용을 다듬는 일까지 정책기획계장의 역할은 많을 수밖에 없다. 이런 방대한 보고서를 임성호 혼자 작성하는 것은 당연히 아니다. 도정 업무보고서를 담당하는 차석이 있다. 적어도 도에서 자천·타천으로 업무 능력이 출중하다는 평을 듣는 차석이다. 그렇지만 임성호는 업무보고서를 최소한 세 번을 본다. 세 번의 의미는 마무리된 보고서를 인쇄에 넘기기 전에 본다는 것이다. 차석이 다듬은 보고서를 임성호가 검토하고 정책기획관, 기획조정실장, 부지사, 도지사 보고 단계를 거친 다음에 최종 실·국별 오탈자 수정이 이루어진다. 이제 더는 수정하지 않고 인쇄를 맡기는 것이 통상적인 절차지만, 임성호는 다시 전체 내용을 읽어 보는 것이다. 그리고 3일간 묻어 두었다가 다시 소리 내어 읽어 본다. 또다시 3일이 지나 천천히 소리 내어 읽어 본다. 한 번 본 보고서를 3일이 지나 읽어 보는 것은 보고서 작성자의 시각을 탈피하여 보는 것이다. 도민의 관점에서 연두 업무보고서 내용은 충실한지, 문장이나 오탈자는 없는지 마치 작가가 퇴고하듯이 꼼꼼히 살펴보는 것이다. 이런 방법으로 검토를 하다 보니 방대한 분량의 연두 업무보고서(30쪽 내외)도 오탈자 없기로 소문나 있다. 공무원이 작성한 기안문이나 보고서에 간혹 오탈자가 발견된다. 때로는 문장이 맞지 않는 검토보고서도 있다. 사적으로는 메신저, 문자 메시지, 이메일도 오탈자를 많이 생산한다. 사소한 것 같아도 자신의 품격을 떨어뜨린다고 보면 된다. 하물며 공문서에 오탈자가 나오면 행정의 신뢰성에 간극이 벌어진다. 오탈자 하나 가지고 무슨 대수냐고 할 수도 있다. 도민의 처지에서 생각해 보라! 공무원이 한글도 제대로 모른다고 비아냥댈 수 있다.

임성호가 오탈자만 잘 걸러 내는 것은 아니다. 도청에서 이인자라면 서러울 정도로 보고서도 탁월하게 잘 만든다. 임성호가 작성한 보고서는 결재 과정에서 특별한 수정이 없다. 보고서의 내용이 도의 정책 방향에 부합할 뿐만 아니라 적절한 그래프나 표를 통해 시각적으로도 시원하게 작성하는 점이 특징이다. 한마디로 기획능력이 출중하여 정책기획 담당을 하는 것임이 틀림없다고 본다. 임성호가 처음부터 일을 잘하는 것은 아니었다. 내성적인 성격에 객지에서 살아남는 방법은 일 잘하는 직원으로 인정받는 수밖에 없었다. 기획 능력을 키우기 위해서 남들이 퇴근한 늦은 시간에 쓰레기통을 뒤졌다(문서를 소각하였음). 정책기획 담당에서 작성하다 버린 보고서를 찾기 위해서였다. 지금은 행정 업무 전산화로 업무용 컴퓨터를 통해 문서를 쉽게 볼 수 있으나 그 당시는 담당자의 철제 캐비닛에 보관되어 있어 함부로 볼 수 없었다. 쓰레기통에서 찾은 보고서를 이해하기 위해 읽고 또 읽었다. 이해가 되면 보고서를 보지 않고 자신이 직접 보고서를 작성해 보았다. 작가 지망생들이 유명한 작품을 습작하듯이 보고서를 복기해 보는 연습을 수없이 한 것이다. 보고서는 작성 배경 또는 목적, 목표가 있고 추진

방향, 추진 계획이 있다. 추진 계획은 세부 추진 계획, 보고서에 따라 물자 동원, 인력 동원, 예산 확보 등의 내용도 있다. 마지막으로 기대 효과와 추진 일정을 한눈에 드러나게 작성해야 한다. 이처럼 정책보고서는 성격에 따라 예산부서, 감사부서, 자치행정과 등 많은 부서의 협조와 지원이 있어야 성공적으로 추진할 수 있다. 지원부서의 협조를 원만하게 끌어내기 위해 자신의 성격도 개조해야 했다. 임성호는 내성적이었으나 점차 사교적 성격으로 자신을 탈바꿈하고자 노력했다. 이런 과정을 거쳤기에 도에서 과장 승진 자리로 통하는 정책기획 담당을 하고 있다.

과장 중에는 실·국 주무과장 등 주요 보직을 맡으며 승승장구하는 과장이 있는가 하면, 한직 부서와 사업부서만 전전하다 퇴직하는 사례를 볼 수 있다. 전자는 업무 기획 능력과 추진력이 탁월하여 어떤 업무든 잘 소화하여 성과를 내는 과장이고, 후자는 과장 역량이 미흡하거나 퇴직을 앞둔 시점에서 직원들에게 싫은 소리를 자제하는 현상일 수도 있다. 과장이면 주어진 직책에 사명감을 가지고 조직의 목표 달성을 위해 최선을 다해야 한다. 개인의 인기 관리에 영합한다면 조직은 정체된다. 과장은 오랜 경험이 있고 행정의 전문가라고 지칭을 하였다(본문 56쪽 언급). 전문가로서 성과를 내기 위해서는 무엇보다도 업무 역량이 있어야 한다. 업무 역량은 이해력과 분석력도 있어야 한다. 이해력과 분석력이 뛰어나야 설득력 있는 보고서를 만들 수 있기 때문이다. 이해력과 분석력은 독서를 통해 함양할 수도 있다. 책을 읽으며 작가가 의도하는 바를 파악하고 자신의 소감을 작성하는 것도 좋다. 때로는 임성호와 같이 잘된 보고서를 습작하는 것도 도움이 된다. 실전으로 기획부서, 실·국 주무과, 기피 부서를 자원하는 것도 좋다. 다양한 부서를 맛보는 것은 업무를 보는 시각과 보폭을 넓히는 것이다. 기획부서와 실·국 주무과는 업무를 취합도 하고, 검토하여 실·국 업무보고서를 만들기도 한다. 직급에 따라서는 주간·월간 업무 및 연간 업무 계획을 수립하는 등 다양한 경험을 할 수 있다. 때로는 남들이 꺼리는 기피 부서를 자원하는 것도 좋다. 힘들고 어려워 남들은 기피하는 부서지만 자원하여 근무하면 같은 문제도 다르게 보이듯 마냥 어렵고 힘들지는 않을 것이다. 오히려 직원들이 선호하지 않는 부서에서 자신의 장점을 부각할 기회는 많아진다.

보고서를 작성할 때는 먼저, 적절하게 '표'나 '그래프'를 사용하는 것이 좋다. 정책보고서는 설득력이 있어야 하는데 문장력만으로는 한계가 있다. 보고서 내용을 뒷받침할 수 있는 숫자를 시각적으로 나타내는 그래프나 표는 밋밋한 보고서에 시원한 느낌을 준다. 보고를 받는 처지에서도 정독할 정도로 시간적 여유가 없을 때 '표'나

'그래프'가 가미된 보고서를 요점 위주로 보고받게 된다면 쉽게 이해가 된다. 그렇다고 설문조사 결과만 그래프로 작성해도 안 된다. 조사 결과를 분석한 내용을 작성하고 보조 수단으로 그래프나 표를 이용해야 한다.

둘째, 나만의 보고서 파일을 관리하는 것이 좋다. 주의 깊게 문서를 공람하다 보면 의외로 탐나는 보고서를 발견할 수 있다. 도표, 그래프, 문장 구성 등 새로운 이미지를 발견하면 이를 복사하여 나만의 보고서 파일에 보관하여 긴급히 보고서를 작성할 때 활용할 수 있다. 보관은 문서를 통째로 보관하는 것이 아니다. 잘된 부분을 복사하여 하나의 파일에 붙이는 방법으로 보관하면 된다. 주의할 점은 새로 복사한 부분을 문서 첫머리에 오도록 하고 오래되어 낡은 것은 수시로 삭제해야 한다. 그렇지 않으면 긴급하게 활용하고자 문서를 찾을 때 시간을 낭비할 수 있기 때문이다.

셋째, 새로운 트렌드에 맞는 보고서를 작성해야 한다. 행정 기관 내부에 유통되는 보고서는 크게 달라지지 않는다. 중앙부처의 보고서는 지방에서 새로운 트렌드가 될 수 있다. 민간 연구 기관의 보고서, 대기업의 첨단 기업 보고서도 참고할 내용이 많다. 이런 보고서를 행정 기관에 도입할 수 있다면 당신은 보고서 작성의 달인이다.

넷째, 보고서는 간단명료하게 작성해야 한다. 보고서는 어려운 용어를 피하고 간단명료하게 작성해야 가독성이 있다. 보고서 초안을 작성할 시점에는 문장도 길어지고 내용도 많아진다. 이를 축약하고 다듬는 것도 업무 능력이다. 보고서를 다듬을 때는 맞춤법, 문단 간격, 자간 등 기본적인 사항부터 쓸데없이 길어진 문장을 축약하고 불필요한 부분은 삭제해야 한다. 보고서 작성 매뉴얼이 있는 보고서는 작성 지침을 준수했는지 점검해야 한다.

다섯째, 보고서 분량은 될 수 있는 대로 5페이지를 넘기지 않아야 한다. 부득이 분량이 많아지면 목차를 삽입해야 한다. 복잡한 보고서는 요지를 첨부하는 것이 좋다. 보고서 내용이 압축된 요지는 보고 시간을 단축한다. 아무리 좋은 보고서도 분량이 많아지면 보고 과정이 힘들어진다. 설명도 쉽지 않고 무엇보다도 결재권자의 집중을 끌어내기도 어렵다.

결론적으로 전문가는 직원들이 작성한 보고서에 피드백할 수 있어야 한다. 때로는 복잡하고 어려운 문제를 판단해야 한다. 이런 능력은 단시간에 향상되지 않는다. 직원 시절부터 기획 능력을 꾸준히 키워 나가야 한다. 임성호와 같이 우수한 보고서의 습작부터 기획 파트를 경험하며 실무 경험을 쌓을 수도 있다. 이해력과 판단력을 함양하기 위해 책과 씨름을 하고 교육 훈련 기관의 정책기획, 보고서 작성, 갈등관리, 소통과정 등 다양한 교육 훈련 프로그램을 통해 기획 능력을 향상할 수도 있다. 이런 다양한 방법을 동원해도 기획 능력이 좀처럼 개선되지 않을 수 있다. 기관의 여건과 개개인의 역량이 다르기 때문이다. 그러나 오르지 못할 정상은 없듯이 자신에게 적합한 보고서 작성법을 선택하여 우수한 보고서를 복기해 보는 연습을 수없이 반복하다 보면 당신은 틀림없이 기획 능력을 갖춘 유능한 전문가로 성장할 것이다.

싱크탱크Think Tank를 활용하라

덕산이 중앙부처에서 정보공개제도를 담당하던 사무관 시절이다. 각 행정 기관의 요청에 따라 정보공개제도 강의와 법령해석도 하는 등 전문가라는 자부심으로 일했다. 정보공개제도를 담당한다고 해서 법령해석이나 강의까지 하는 것은 쉬운 일이 아니다. 정보공개 법령 내용을 정확하게 이해하고 설명할 수 있어야 가능하기 때문이다. 이런 덕산이지만 각 행정 기관에서 법령해석이나 질의가 들어오면 혼자서 판단하지 않는다. 부처 정보공개위원인 김 교수의 도움을 받아 처리한다. 김 교수는 지방 국립대학 행정학과 교수로, 정보공개법 개정 작업도 참여하는 등 학계에서 권위가 높은 교수님이다. 교수님과는 정보공개 업무 관계로 친숙하여 애로 사항이 있으면 언제든지 전화나 이메일을 통해 조언을 받고 있다.

10년 후, 덕산이 광역시의 과장으로 자리를 옮겨 근무할 때의 일이다. 여기서는 시립도서관 건립 업무를 담당하고 있다. 시립도서관의 건립은 단순한 건물 신축에 국한되지 않는다. 도서관 이용자의 편의를 최대한 반영하여 공간을 배치해야 한다. 필요한 장서와 가구도 사는 등 챙겨야 할 업무가 한두 가지 아니다. 전국 최고의 도서관 건립을 위해 국립중앙도서관이 주관하는 해외 선진지 견학도 다녀왔다. 덕산은 도서관 건립팀과 구·군 사서 업무 담당자를 대상으로 워크숍도 개최하고, 국립세종도서관 건립을 담당했던 박 과장을 초빙하여 특강도 들었다. 강연은 국립세종도서관 건립의 애로 사항을 중심으로 이루어졌는데, 시립도서관 건립에 많은 도움이 되었다. 도서관의 내부 공간을 어떻게 배치할 것인지, 장서는 어떤 종류로 어느 정도 살 것인지 담당 공무원이 판단하는 것은 어려운 과제였다. 공무원의 판단이 곤란한 것은 정책연구용역을 통해 성과물을 바탕으로 의사 결정을 하고 있다. 적어도 최고의 도서관 건립을 위해 필요한 절차라 볼 수 있다.

덕산과 같이 새로운 도서관을 건립하거나 정보공개제도를 담당하는 과정에 수없이 많은 의사 결정을 해야 한다. 도서관의 공간 배치, 장서 구입 등은 연구용역 결과를 참고하여 결정하면 된다. 사안에 따라서는 일정이 촉박하거나 연구용역을 추진하기 애매한 것들이 있다. 예를 들어 도서관 조직을 설계하는 것일 수 있다. 도서관장의 직급을 3급이나 4급으로 정해야 하고, 관장 밑에 과장, 담당 기구를 정하고, 직원을 몇 명으로 할지, 직원들의 구성을 행정직과 사서직 등 구체적으로 설계해야 한다. 설계된 도서관 기구와 정원은 행정안전부 장관의 승인을 받아야 한다. 승인 과정에 타당한 논리와 근거를 제시하여 담당자를 설득해야 충분한 인력을 확보할 수 있다. 이런 일련의 과정을 담당 공무원이 작성하는 것은 한계가 있다. 따라서 용역까지는 아니라도 소속 기관의 연구원에 의뢰하여 전문가의 조력을 받아 도서관 조직을 설계하는 것이 더욱 설득력 있는 논리를 만들 수 있다. 정보공개도 마찬가지라 본다. 법령 사무를 담당하면 애매한 사례들이 있다. 법령과 판례, 유권해석사례를 파고들어도 질의에 대한 답변서를 작성하는 데 확신이 서지 않을 수 있다. 이런 경우에는 전문가 도움이 절실하다고 본다. 덕산과 같이 중앙부처의 법령 사무를 담당하든, 지방자치단체의 법령 사무를 담당하든 마찬가지다. 코로나19와 같은 재난 상황이 발생하면 미처 제도가 완비되어 있지 않아 업무 추진에 상당한 어려움을 겪을 수 있다. 이런 경우는 싱크 탱크Think Tank를 활용하는 것이 좋다. 사전적 의미로 싱크 탱크는 '여러 영역의 전문가를 조직적으로 모아서 연구, 개발하고 그 성과를 제공하는 조직'이다. 정부의 싱크 탱크 기관은 국가균형발전위원회, 개인정보보호위원회 등 대통령 소속 위원회도 있고, 한국개발연구원KDI, Korea Development Institute도 있다. 울산연구원과 같이 각 지방자치단체는 1~2개 정도의 싱크 탱크를 운영하고 있다. 이런 조직과 달리 법령과 조례에 근거한 정보공개위원회 등 각종 자문위원회도 산재하여 있다.

이 책을 읽고 있는 당신이 기관장의 지시에 따라 정책보고서를 작성한다고 가정해 보자. 정책보고서는 내부보고서와 달리 정책을 추진하는 객관적인 논리가 있어야 한다. 정책에 따라서는 여론조사도 해야 하고 정책 효과를 수치로 나타내는 분석도 이루어져야 한다. 이런 보고서를 작성하려면 연구용역을 발주하든지 아니면 자체적으로 조사를 진행하여 보고서를 만들어야 한다. 연구용역을 추진하기에는 시간적 여유가 없고, 자체적으로는 보고서를 작성하는 것도 엄두가 나지 않을 때 할 수 있는 것은 연구 기관을 찾아가 읍소하는 방법밖에 없다고 본다. 하지만 부탁을 한다고 해서 쉽게 들어주지도 않는다. 기관에 따라 다르겠지만 연간 계획된 연구 과제도 있고, 연구원 개인이 추진하는 프로젝트와 정책자문위원으로 각종 회의도 참석하기 때문이다. 그래서 필요한 것이 '나만의 싱크 탱크'를 구축하는 것이다. 싱크 탱크 위원은 업무 과정에 친숙한 연구원, 대학교수 등 다양한 전문가들로 인적 네트워크를 구성하면 된다. 그렇다고 위원에게 특별한 사례를 하는 것은 아니다. 덕산과 같이 언제든지 조언을 받을 수 있을 정도로 인간관계를 돈독히 맺으면 된다. 전문가를 대할 때는 최대한 예의를 갖추고, 정책 조언을 받았을 때는 감사하다는 인사를 잊지 말아야 한다. 작지만 소소한 것부터 실천해 나갈 때 당신에 대한 신뢰는 구축된다. 이런 신뢰가 바탕이 되면 당신이 요구하는 자문에 언제든지 응답하리라 본다.

법령, 업무 규정에 해박하라

덕산 사무관은 업무에 빈틈이 없었다. 중앙부처에서 정보공개업무를 담당하면서 법령 개정도 하고 정보공개 매뉴얼을 작성하는 등 정보공개 업무에 대해 최고 전문가라는 자부심으로 일했다. 덕산은 인사이동으로 업무를 인수인계할 때는 주요 업무 진행과 완결, 법령 개정이 필요한 사항까지 꼼꼼히 확인한다. 때에 따라서는 전임자가 작성한 문서를 열람하여 세부 내용까지 확인하고 의문이 있으면 관련 규정까지 살피는 습성이 있다. 결재 과정이나 회의 중에 질문을 받으면 즉석에서 조문까지 설명할 수 있도록 늘 준비를 하고 있다. 담당하는 법령을 통째로 외우기도 하고, 법제처의 국가 법령정보센터 앱application을 휴대전화에 깔아 활용하기도 한다. 민원이나 행정 기관에서 유권해석을 요구할 때는 조문과 판례까지 확인하여 답변한다. 때로는 부처의 고문 변호사 조언을 받아 업무를 처리하기도 한다. 동료와 상사는 법령에 능통하다고 하지만, 덕산은 늘 부족함을 느끼고 있다. 그래서 법제처에서 공직자들을 대상으로 개설하는 법령해석과정 등 전문 교육을 이수하고, 사무관 승진시험 준비를 위해 샀던 행정법과 민법총칙을 수시로 찾아보기도 한다.

'김초롱'은 동 행정복지센터에 첫 발령을 받았다. 김초롱 주무관의 행정복지센터는 직원도 10명이 근무하는 제법 큰 규모의 행정복지센터다. 김 주무관은 어제만 해도 평범한 시민이었으나 막상 발령을 받은 후부터 모든 행동이 조심스럽다. 직원도, 사무실도 낯설었다. 발령 첫날 하는 일은 전임자가 해 오던 업무를 습득하는 것이었다. 처음 해 보는 주민등록업무는 전산 시스템부터 익혀야 하고, 주민등록 등초본 발급 현황 등 매일매일 업무를 마감해야 한다. 주민등록업무는 인감 증명을 발급하거나 주민등록 전·출입을 담당하는 것으로 단순해 보이지만, 처음 접하는 업무라 어렵고 힘들기만 하다. 때로는 예상하지 못한 민원도 발생한다. 치매가 있는 노부의 인감증명을 발급해 달라고 생떼를 쓰기도 한다. 고령의 부친을 모시고 와서는 주민등록증을 갱신해 달라고 하는데 정작 부친은 말을 알아듣지도 못하는, 의사 능력을 상실한 상태였다. 이런 민원은 아무리 곱게 봐주려고 해도 의심할 수밖에 없다. 부친 이름으로 은행 대출을 받거나 다른 형제 몰래 상속을 노리는 것인지도 모른다. 혹여 재산권 분쟁에 휘말려 애매한 공무원이 큰코다칠 수도 있기 때문이다. 김 주무관은 시청에 문의해 보지만, 모른다는 답변이다. 민원인을 앞에 두고 업무편람을 뒤지고, 법령을 찾다 보니 마음은 급한 데 찾기도 어렵다. 우여곡절 끝에 근거를 찾아서 민원인을 설득하느라 파김치가 된다.

김 주무관의 문의 사항에 대해 시청의 주민등록 담당자는 시원하게 해결해 주어야 한다. 민원사례집을 만들어 배포하든지 다른 동 행정복지센터 베테랑 직원을 연결하여 상담할 수 있도록 해야 한다. 시 관내 행정복지센터의 사례를 수집하다 보면 김 주무관이 문의한 치매 환자 인감증명 발급, 의사무능력자의 주민등록증 갱신 사례는 얼마든지 있다고 본다. 이런 자료를 김초롱에게 제공하는 것이 시청 담당자의 역할이다. 직접 민원을 접하지 않아 모른다고 발뺌하기에는 어설프지 않나? 이미 업무편람에 다 있는 내용을 김초롱이 제대로 연찬하지 않았다고 할 수도 있다. 그러나 공무원 업무에 생소한 새내기 공무원의 갑갑함은 말로 다 할 수 없을 것이다. 전임자는 1~2시간 주민등록시스템을 인계하고는 떠나 버리고 순식간에 담당자로 지정되어 이것저것 확인할 여유도 없이 민원창구에 북적대는 민원인을 상대하는 것은 그야말로 폭탄을 맞은 심정일 것이다.

전문가를 꿈꾸는 당신이라면 업무와 관련되는 법령은 어느 정도는 이해하리라 본다. 다만, 이해하는 수준이 어느 정도인지가 문제다. 감각적으로 아는 정도에서 그쳐서는 안 된다. 자주 접하는 법 조문 정도는 설명할 수 있어야 한다. 그래야 시민이든 김초롱과 같은 내부 민원에 대해서든 피드백을 해 줄 수 있기 때문이다. 그러기 위해서는 첫째, 규정이 없어 안 된다는 사고의 틀에서 벗어나야 한다. 규정이 없거나 현실적으로 해결이 어렵지만, 좀 더 검토해 보겠다는 마인드가 필요한 것이다. 관련 법령이 미비하다고 덮어서도 안 된다. 이런 의식에서 깨어나야 한다. 새로운 정책을 수립하거나 집행할 때는 근거 법령이 없을 수도 있다. 이를 임계점으로 판단하여 전진하지 않는다면 행정도, 자신도 더 발전을 기대하기 어렵다. 전문가를 지향하는 당신이라면 한 걸음 더 보폭을 내딛는 자세가 필요하다. 법령 개정안을 마련하여 소관 부처를 설득하고, 때에 따라서는 지역 국회의원을 통해 의원 입법을 추진하도록 노력해야 한다.

둘째, 법제처의 '국가법령정보센터'(www.law.go.kr), '자치법규 정보시스템'(www.elis.go.kr)을 적극적으로 활용해야 한다. 이를 통해 회의나 보고 등 업무 추진 과정에 궁금한 사항이 있으면 즉시 관련 법을 확인하는 습관이 필요하다. 십여 년 전에는 법령이 개정되면 가제 정리 담당 직원이 각 부서를 돌며 법령집을 정리하곤 했다.

그때 직원의 빠른 손놀림에 경탄을 금치 못하곤 했는데 요즘은 각 부서에 법령집을 보관하지 않고 있다. 오십만 이상 다운로드된 법제처의 국가 법령정보센터가 이를 대체하고 있기 때문이다. 국가법령정보센터는 현행법령, 법령내력, 행정규칙, 자치법규, 판례, 헌재결정, 법령해석, 행정심판, 조약 등으로 구성되어 있다. 자치법규 정보시스템은 지방자치단체에서 운영하는 자치법규를 검색할 수 있고 입법 예고, 최근 재개정 자치법규 등으로 구성되어 있다. 공직자는 물론이고 시민들도 대한민국 법령과 지방자치 법규를 스마트폰에 담아 활용한다면 아주 유용하리라 본다.

셋째, 조문해석이 어려운 것은 상급 기관에 질의하거나 유권해석을 받아서 처리해야 한다. 유권해석은 법령 소관 부처 또는 법제처에 의뢰하면 된다. 유권해석 이후 법원 등의 새로운 판단이 나오면 효력은 상실되지만, 정부의 통일된 법 해석이라는 점에서 행정 기관이 어겼을 때는 담당 공무원은 징계 등의 불이익을 받을 수 있다는 점에서 사실상 행정 기관을 구속한다고 보아야 한다. 법제처가 운영하는 '법령해석시스템'(www.lawmaking.go.kr)은 법령해석을 요청하거나 법령해석사례와 법령해석제도 등을 활용할 수 있다.

현장을 확인하고 판단하라

덕산은 시 의회 행정사무 감사에서 혼이 났다. 건립 중인 시립도서관의 환경 문제였다. 도서관 용지와 연접하여 사설 쓰레기 수거 업체의 이전도 있고 오염 하천을 정비하는 문제도 있었다. 이런 열악한 환경에도 도서관 용지로 선정된 것은 이 지역이 도서관도 없고 문화 시설이 열악한 사정이기 때문이다. 행정사무 감사에서 산더미처럼 쌓인 폐비닐이 바람에 날리는 사진을 보여 주며 도서관 미관을 해치는 쓰레기 업체를 어떻게 할 것이지, 과장은 현장에 다녀왔는지 추궁하는 시 의원의 날카로운 지적에 덕산 과장은 할 말을 잊어버렸다. 과장 보직을 받고 3개월이 지났지만 여러 사정으로 현장을 확인하지 못한 자신의 잘못도 있었기 때문이다. 그렇다고 사설 쓰레기 수거 업체의 이전은 단시간에 해결될 수도 없는 문제였다. 그동안 과장 발령 후 이틀 만에 시 의회 상임위원회에 출석하여 업무 보고도 했다. 부서의 현안 사업인 시립도서관 건립도 있고, 평생교육 진흥재단 설립도 있다. 시민의 평생교육은 시 발전연구원의 위탁 사업으로 추진하던 것을 별도의 법인을 만드는 사업이라 파생되는 업무도 많았다. 법인 설립을 위해 행정안전부 장관의 투자 승인도 받아야 하고, 설립 근거인 '평생교육 진흥재단설립 및 운영조례'도 제정해야 한다. 이런 사정으로 현장 확인은 다소 소홀할 수밖에 없었다. 현장을 나가더라도 시간에 쫓겨 꼭 필요한 사항을 확인하고는 귀청하는 것이 대부분이었다. 그러다 보니 도서관 부지와 연접한 쓰레기 수거 업체의 이전에 대해 깊이 고민하지도 못했다.

흔히 현장에 답이 있다고 한다. 고사성어로는 우문현답(愚問賢答)이다. 사전적 의미로는 '어리석은 질문에 현명한 대답'이라는 뜻이지만 '우리의 문제는 현장에 답이 있다.'라는 뜻으로 차용해 사용하고 있다. 즉, 골치 아픈 어려운 문제도 현장을 나가면 해결점을 찾을 수 있다고 본다. 그만큼 현장의 중요성을 강조하는 의미로 많이 회자하고 있다. 관리자가 직원이 작성한 민원서류나 집행 업무를 결재하면서 빠지지 않고 확인하는 것이 현장 사진이다. 담당 직원을 신뢰하지 못해서가 아니라 점점 업무량은 증가하고, 결재할 시간이 부족하기 때문이다. 결재 중에도 "현장에 다녀왔나요? 특별한 문제는 없죠?"라고 습관적으로 질문해야 한다. 직원은 미처 보고서에 담지 못한 현장 상황까지 상세하게 보고하게 된다. 이런 과정에 현장 확인이 필요한 것을 발견하게 되고 재조사를 지시하거나 필요에 따라서는 직접 현장을 확인하고 결재해야 한다. 특히, 이해관계가 첨예한 다수인 민원이나 장기 미해결 과제, 갈등관리가 필요한 업무일수록 필수적으로 현장을 확인해야 한다.

현장을 확인할 때는 덕산 과장처럼 단편적인 출장에 그쳐서는 안 된다. 시간이 부족하다는 핑계로 대충 둘러보고 돌아오는 현장은 업무에 도움도 안 되고 직원에게 불편만 줄 수 있다. 가뜩이나 바빠 죽겠는데 예고도 없이 과장이 나가자고 할 때 좋아할 직원이 누가 있겠는가? 관리자가 현장을 확인할 정도로 중요하면 현장에 나가기 전에 미리 서류를 검토하고 담당자를 불러 현장에서 점검할 내용, 만나야 할 대상을 미리 체크해 보고 나가야 한다. 사전 지식도 없이 현장에 나가면 직원에 의존하게 되고 관리자의 역할은 퇴색되고 만다. 그리고 현장을 바라보는 시각도 직원과 관리자는 다르다. 직원은 자신의 업무에 한정해서 문제점을 찾으려는 시각을 가진 데 비해, 관리자는 가용할 수 있는 인력과 물자를 최대한 투입을 전제로 대안을 찾으려고 한다. 다시 말해 관리자는 숲 전체를 보고 종합적인 시각에서 그 해결점을 찾고자 노력하기에 직원이 미처 발견하지 못한 해결점을 찾게 된다.

최고 관리자를 꿈꾸는 당신은 현장을 제대로 확인하고 있는지 묻고 싶다. 현장은 공사, 재난, 민원 등 다양하고 복잡한 현장도 있다. 사업의 성격에 따라 현장을 점검하는 체크리스트가 있을 수도 있고 없는 예도 있다. 정해진 체크리스트가 없다면 현장의 여건에 따라 점검할 내용을 구체적으로 작성하면 된다. 복잡하고 다양한 현장을 일률적으로 규정하는 것은 적절하지 않을지도 모른다. 그래도 제시를 하면 첫째, 현장을 나가기 전에 서류를 충분히 검토하여 논점이 무엇인지, 관련 법령의 적용은 적절한지 근본적인 이유와 해결 방안을 깊이 검토하고 나가야 한다. 이런 검토를 한 다음 이해당사자를 만나야 주도적으로 현장을 리드해 갈 수 있다.

둘째, 현장 상황에 적합한 체크리스트를 작성해서 나가야 한다. 같은 사업도 현장의 사정은 다르게 전개되기도 하고 주장하는 민원도 다양하다. 매년 반복되는 점검도 현장 상황을 예상하고 점검할 내용과 만나야 할 사람을 예측하여 체크리스트를 만들어야 한다. 이해당사자와 대화를 하다 보면 정작 중요한 사항을 살피지 못해 재방문하는 사례도 있다. 따라서 현장을 나가기 전에 만나야 할 사람과 약속 시각을 정하고 대화는 어떻게 할 것인지, 현장 사진은 어떤 것을 촬영할지 구체적이고 세밀한 부분까지 체크리스트를 작성해야 한다.

셋째, 현장에서는 역지사지(易地思之)의 심정으로 해결점을 찾아야 한다. 사전적 의미로 역지사지는 '처지를 바꾸어서 생각하여 봄'이다. 민원인이 나의 부모도 되고, 이웃 주민도 될 수 있다. 민원인의 입장에서 적극 해결점을 찾는 마인드가 필요하다.

넷째, 이해당사자의 진의를 파악해야 한다. 너무나 당연한 이야기라고 생각된다. 복합 민원은 겉으로 드러난 문제보다 말 못 할 사정이 있을 수 있다. 감추고 있는 진짜 진의를 파악하려면 상대방의 마음을 얻어야 한다. 상대의 이야기를 최대한 경청하는 자세로 대화해야 한다. 그래야 민원인이 마음속 깊이 간직했던 이야기보따리를 풀어놓는다. 민원인도 어차피 해결이 어렵다는 정도는 알고 있다. 자신의 이야기에 귀 기울여 주는 것으로도 충분히 공감대는 형성된다.

다섯째, 복잡할수록 장·단기 과제로 분리해야 한다. 복합 민원이나 새로운 정책을 추진할 때는 다양하고 복잡한 건의 사항도 있을 수 있다. 건의 사항은 기관 자체로 해결할 사항도 있고, 중앙부처에 건의할 과제도 있다. 과도한 예산 문제로 해결점을 찾는데, 난관에 봉착할 수 있다. 그런 과제에 대해 우선 해결 가능한 것부터 풀어 나가야 한다. 장·단기 해결 과제를 제시하고 이해당사자를 설득한다면 보다 긍정적인 반응이 나올 수 있다고 본다.

공무원 제안에 적극적으로 도전하라

남 사무관은 국세청에서 연말정산시스템을 운영하고 있다. 매년 12월 말을 기준으로 다음 해 1~2월은 연말정산의 계절이다. 소득공제를 위해 의료비와 카드 실적, 개인이 지불한 각종 성금의 증빙자료를 첨부하여 연말정산을 한다. 남 사무관은 각 행정 기관에서 제출한 연말정산 실적을 국세청에서 확인하는 업무를 담당하고 있다. 연말정산간소화서비스 이전에 일어난 현상이다. 남 사무관은 국민이 불편해하는 연말정산 서류를 없애면 낭비되는 시간과 예산을 절약할 수 있다는 것에 착안하여 연말정산 전산화를 꿈꾸게 되었다. 먼저, 신용카드 실적 등 금융권을 전산화하고 '09년부터 종이 없는 연말정산을 추진하였다. 그리고 '10년부터 완전 전산화를 추진하였다. 그동안 근로자들이 첨부하던 종이 영수증을 국세청 홈텍스(www.hometax.go.kr)를 통해 다운로드해 첨부하도록 한 것이다. 남 사무관은 매년 연말정산에 필요한 종이 문서를 전자문서로 제도 개선한 것을 국세청 자체 공무원 제안으로 접수하였다. 국세청은 자체 우수 제안으로 선정하여 행정안전부에서 심사하는 중앙 우수 제안에 추천('09년)하였다. 중앙 우수 제안은 각 부처와 지방자치단체에서 추천한 자체 우수 제안을 심사하여 중앙 우수 제안으로 선정하여 포상해오고 있다. 남 사무관이 제출한 'Paper Zero 연말정산' 제안은 '09년도 중앙 우수 제안 심사에서 최우수 등급인 '금상'으로 선정되었다. '10년부터 연말정산에 종이가 사라짐에 따라 연간 130억 원의 행정 비용을 절감하고 있다. 남 사무관은 정부 포상과 함께 500만 원의 부상도 받았다. 이후 사무관에서 4급 서기관으로 1계급 특별 승진도 하였다.

⊙ 제안제도 개요

제안제도(提案制度)는 1880년 영국 스코틀랜드의 레버 조선소에서 최초로 도입되었다. 1880년대 산업혁명으로 인구가 늘고 상품 교역이 활발해 짐에 따라 배의 건조도 수공업에서 벗으나 대량 생산이 필요했다. 조선소 대표인 데니William Denny는 종업원들의 의견을 듣기 위해 조선소의 곳곳에 제안함을 설치하였다. 데니는 제안함에 접수된 의견을 심사하여 우수 의견은 제도 개선에 반영하고 의견 제출자를 포상한 것이 제안제도의 출발점이다. 우리나라는 1963년 국가공무원법에 근거 조항을 신설하였고, 국무총리 지시('71년 3월)로 공무원 제안제도를 시행하였다. 국민 제안은 '97년 '민원사무 처리에 관한 법률'이 제정되면서 국민 제안 근거가 마련되었고, '06년 '국민 제안규정'의 제정으로 국민 제안제도가 활성화되었다. 일반 국민이면 누구나 제안을 제출할 수 있고, 우리나라에 거주하는 외국인도 국민 제안을 제출할 수 있다.

공무원 제안은 공무원의 창의적인 의견이나 고안(考案)을 행정 운영의 개선에 반영함으로써 행정 운영의 능률화와 경제화를 촉진하기 위해 운영되고 있다(공무원 제안규정 제1조). 공무원 제안으로 볼 수 없는 것은 다른 사람이 취득한 특허권·실용신안권·디자인권 또는 저작권에 속하는 것이거나 '공무원직무발명의 처분·관리 및 보상 등에 관한 규정'에 따라 보상이 확정된 것, 이미 채택한 제안과 내용이 동일한 것, 이미 시행 중인 사항이거나 기본 구상이 이와 유사한 것, 일반 통념상 적용하기 어렵다고 판단되는 것, 단순한 주의 환기·진정·비판 또는 건의이거나 불만의 표시에 불과한 것, 특정 개인·단체·기업 등의 수익 사업과 그 홍보에 관한 것이다.

공무원 제안은 크게 공모 제안과 자유 제안으로 구분된다. 공모 제안은 코로나19 대응 방안, 전통시장 활성화 방안, 관광 활성화 방안 등 행정 기관의 현안 사업에 대한 제도 개선이나 아이디어를 공모하는 제안으로 접수 기간, 시상 규모, 포상 금액 등을 정하여 접수·심사하여 우수 제안을 선정·포상하고 있다. 자유 제안은 대한민국 공무원이 자신의 업무 또는 남의 업무에 대해 언제든지 제도 개선 사항이 있으면 이를 관장하는 기관에 제출하는 제안이다. 공무원 제안 제출은 현황과 문제점, 개선 방안 및 기대 효과 등에 관한 사항을 작성하여 방문·우편·팩스 또는 온라인 국민신문고(www.epeople.go.kr)를 통하여 제안을 제출하면 된다.

⊙ 공무원 제안 심사 절차

공무원 제안의 심사는 접수된 날부터 1개월 이내 채택 여부를 결정하여 제안자에게 통보하고 불채택 제안을 통지받은 날부터 15일 이내에 재심사 요청 사유를 구체적으로 작성하여 재심사를 요청할 수 있다. 채택된 제안은 행정 기관별로 자체제안심사위원회를 구성·운영하여 우수 제안을 선정하여 시상한다. 제안심사위원회 심의는 먼저, 제안자의 설명을 청취 후 질의·답변을 진행하고, 이어서 심사위원의 평가를 통해 제안 등급 및 부상을 결정한다. 자체 우수 제안자는 기관장 표창과 부상(대략 100만 원 이내)을 받게 된다. 우수 제안자는 행정 기관의 자체 제안규정(지방자치단체는 제안 조례)에 따라 한 호봉 승급이나 1계급 특별 승진(보통 6~7급 이하)의 인사 특전도 부여된다.

중앙 우수 제안 심사는 매년 하반기에 행정안전부 장관이 각 중앙부처, 시·도 및 시·도교육청의 자체 우수 제안을 접수하여 심사한다. 심사위원은 교수, 연구원 등으로 중앙제안심사위원회를 구성·운영하여 1차 서면 심사를 하게 된다. 심사 기준은 제안의 실시 가능성, 창의성, 효율성 및 효과성, 적용 범위, 계속성에 대해 평가를 한다. 1차 심사를 통과한 제안을 대상으로 2차 심사를 하게 된다. 2차 심사는 제안자가 정해진 시간에 맞추어 제안 설명을 하고 심사위원들의 질의와 제안자의 답변순으로 진행된다. 제안자의 발표가 끝나면 심사위원들이 평가하여 제안 등급과 포상금 규모를 결정하게 된다. 이때 1차 심사를 통과한 제안을 대상으로 국민평가를 하게 된다. 국민평가는 인터넷에 공개하여 일반 국민이면 누구나 참여할 수 있고 2차 제안심사평가 총점의 10%('20년)를 반영하고 있다.

중앙 우수 제안의 제안 등급은 금상·은상·동상 및 장려상으로 구분하고 정부 포상은 창안 등급에 따라 포장, 대통령 표창, 국무

총리 표창, 행정안전부 장관 표창이 수여되고 부상은 금상 500만 원 이상 800만 원 이하, 은상 300만 원 이상 500만 원 이하, 동상 100만 원 이상 300만 원 이하, 장려상 50만 원 이상 100만 원 이내로 예산의 범위 내에서 결정된다. 인사 특전은 금·은·동은 1계급 특별 승진(5급 이하)하고, 장려상은 한 호봉 승급하게 된다. 부 제안자는 창안 등급과 관계없이 한 호봉 승급된다. 주의할 점은 3인 이상 공동 제안을 할 경우에는 제안자 모두 특별 승진, 한 호봉 승급 등의 인사 특전을 부여하지 않는다는 점을 잊어서는 안 된다.

이제 공무원 제안의 매력을 느낄 수 있는가? 이미 제안에 도전했지만, 번번이 실패로 끝나 다시는 제안은 하지 않겠다고 다짐하였을 수도 있다. 아니면 기껏 제안 채택을 하고도 제안 심사 점수를 짜게 주어 기관장 표창만 받았다고 푸념할 수도 있다. 맞는 말이다. 모처럼 승기를 잡았으나 중앙 우수 제안으로 연결되기는 쉽지 않다. 그래서 중앙 우수 제안은 정부 포상과 1계급 특별 승진이나 한 호봉 승급의 인사 특전을 부여하고 있다고 본다. 그렇다고 포기해서도 안 된다.

⊙ 영양가 높은 제안 발굴 팁

영양가 높은 공무원 제안을 발굴하기 위해서는 첫째, 자신의 업무를 시민의 입장에서 바라보는 습관이 필요하다. 매일 접하는 업무지만 법령과 업무 지침에 문제는 없는지, 동일한 민원이 반복적으로 발생하고 있는 것은 없는지, 반복적으로 발생하고 있다면 뭔가 신호가 왔다고 봐야 한다. 현재 적용되는 법령이나 지침이 지나치게 규제되고 있거나 제도가 미처 현실을 따라가지 못해 발생하는 문제일 수 있다. 이런 점을 점검하고 문제점을 발견했을 때는 즉시 제도 개선 과제로 연결하여 공무원 제안을 제출해야 한다.

둘째, 업무를 인수인계할 때는 문제의식을 느끼고 접근해야 한다. 새로운 업무를 인수한 시점부터 6개월은 업무 연찬 기간이라 본다. 기존 처리 시스템의 사고에서 벗어나 과연 이것이 최선의 방법인지, 또 다른 대안은 없는지 고민하고 연구해야 한다. 깊은 사색의 과정에 아이디어가 떠오르면 즉시 휴대전화나 메모장에 기재해야 한다. 그리고 제도 개선 과제나 공무원 제안을 제출해야 한다. 아무리 좋은 착상도 하루가 지나면 잊어버리거나 제도 개선을 포기할 수도 있기 때문이다.

셋째, 자신의 업무에 대한 제도 개선 아이디어는 공무원 제안을 접수하고 추진하는 것이 좋다. 자신이 문제점을 발견하면 다른 공무원의 눈에도 허점이 보이게 마련이다. 따라서 제안을 선점당하기 전에 자신이 먼저 아이디어 제안을 제출하고 제도 개선을 추진해야 한다. 한때는 자신의 업무에 대해 제도 개선을 한 결과 우수한 성과가 나타난 경우 실시 제안을 제출할 수 있었으나 이제는 실시 제안제도가 폐지되었다. 다만, 지방자치단체의 공무원 제안조례는 아직도 규정이 존재하고 있는 기관도 있으나 '공무원 제안규정(대통령령 '17년 5월)'에는 폐지되었다.

넷째, 생활 과정에서 느낀 불편 사항은 국민 제안을 접수해야 한다. 헬스장, 자전거 라운딩, 도서관 이용, 이사 등 매일매일 일상생활 과정에 한두 번 정도는 불편을 느꼈을 수 있다. 그러나 대부분의 사람은 일시적 불편으로 지나쳐 버리거나 '굳이 내가 나설 필요까지 있나?' 하고 포기해 버리기 십상이다. 일부러 제도 개선 과제를 찾는 것보다 생활 과정의 불편 사항을 발견하여 현황, 문제점, 개선 방안을 작성하여 제안서를 제출한다면 의외로 좋은 결과를 얻을 수 있다.

반짝이는 아이디어가 떠오른다면 이제 제안서 작성을 잘 해야 한다. 아무리 좋은 아이디어도 제안서의 완성도가 떨어지는 제안은 제안 심사자를 설득하는 것이 어렵고, 그저 건의 사항 정도로 취급될 수 있기 때문이다. 이런 문제는 공무원 제안보다 국민 제안에 더 많이 나타난다. 국민 제안을 제출하는 대부분이 일반 국민으로 제안서라기보다 아이디어를 제시하는 수준에 머물고 있다. 이런 문제를 해결하기 위해 덕산이 행정안전부에서 국민 제안과 공무원 제안 업무를 담당할 때 '아이디어 숙성제도'를 시행하였다. 아이디어 숙성제도는 완성도가 떨어져 제안으로 채택하기 어려운 것도 업무 담당자가 제안으로 채택하여 숙성을 시키는 것이다. 아이디어를 구체화하고 이를 정부 정책으로 도입할 수 있도록 구체적인 계획을 수립하도록 하였다. 중앙 우수 제안을 포상할 때는 우수 제안자만 포상하던 것을 제안의 실시로 공로가 많은 제안 실시자도 선정하여 표창하였다. 이후 제도적인 장치도 마련되었다. 공무원 제안과 국민 제안의 시행에 직접적인 공로가 있는 공무원을 적극행정 우수공무원으로 선발하여 인사상 우대조치(적극행정 운영 규정 제14조 제1항 및 제15조 제1항)를 할 수 있도록 하고 있다(2021. 1. 5. 시행).

⊙ 마이 잡 아이디어My Job Idea 제도

제안제도 활성화를 위해 마이 잡 아이디어My Job Idea 대회도 개최하였다. 마이 잡 아이디어는 자신의 업무에 대해 현황, 문제점, 개선 방안을 1페이지로 작성하여 제출하는 것이다. 제안서를 1페이지로 작성하는 것은 제안서 작성의 부담을 덜어 주기 위한 것이다. 이 제도는 행정안전부 재식 시에 시행하고, 이후 울산시 인재교육과장 재임 시와 시민안전실장으로 재직할 때도 시행하였다. '2019년 시민안전실 My Job Idea 대회'는 먼저 과별 My Job Idea 대회를 개최하고 우수 아이디어를 시민안전실에서 심사하여 시상하였다. 과별 대회는 업무 담당자별로 자신의 업무에 대해 평소 제도 개선이 필요한 사항을 현황, 문제점, 개선 방안을 1페이지로 작성하여 제출하고 이를 과별로 심사하여 우수 제안 4~5건을 시민안전실로 추천하였다. 실에서는 제안의 실시 가능성, 창의성, 효율성 및 효과성, 적용 범위, 계속성에 대해 평가하여 시상하고, 우수 제안은 공무원 제안으로 정식 제출하도록 하였다.

⊙ 자신의 업무 제안으로 승부하라

인사 특전에 끌려 제안에 도전하지만, 제안의 문턱이 높다는 것을 확인하고 포기하는 공무원들이 많이 있다. 이유는 다른 사람의 업무에 대해 제안하기 때문이다. 타인의 업무에 대해 제안서를 작성하는 것은 정보 부족으로 제안서의 내용이 부실할 수 있다. 이는 불채택으로 연결되는 악순환이 되고 있다. 그리고 제안서를 심사하는 담당자의 배타적인 마인드도 작용하고 있다. 자신이 제안을 제출할 때와 타인이 제출한 제안에 대한 심사자의 자세가 다르기 때문이다. 어쩌면 제도 개선에 대한 부담감일 수 있고, 타인의 제안에 대한 거부감일 수도 있다. 따라서 자신의 업무에 대해 제도 개선 아이디어를 찾도록 노력해야 한다. 그렇다고 여기에 함몰될 필요는 없다. 자신의 업무든 다른 사람의 업무든 상관없다. 반짝이는 아이디어가 떠오르면 즉시 제안서를 제출해야 한다. 공무원 제안도 특허와 같이 먼저 출원한 제안을 보호하기 때문이다. 행정의 최고 전문가를 자처한다면 적어도 공무원 제안 수상 경력을 갖추는 것이 필요하다. 전문가는 누구보다도 자신의 분야에 대해 어떤 점이 문제인지, 앞으로 추진해야 할 정책은 무엇인지 너무도 잘 알기 때문이다. 공무원 제안이 아니라도 국민 제안도 좋다. 우수 제안 수상경력은 오랜 경험과 전문지식을 겸비하였다는 것을 보증하는 수표로 작용할 수 있기 때문이다.

자신이 재직한 흔적을 남겨라

덕산은 '지금, 이 순간이 마지막'이라는 심정으로 근무하고 있다. 공직을 얼마 남겨 두지 않은 시점이라고 할 수도 있으나 지금까지 덕산의 공직 생활을 더듬어 올라가면 언제나 최선을 다하는 업무 스타일이었다. 도에 재직할 때는 7급 직원으로 경기주택도시공사 설립을 주도적으로 추진했다. 경기주택도시공사('97년 설립)는 설립 당시 임직원 53명으로 출범하였으나 오늘날에는 650여 명('20년 7월)으로 조직이 확대되었다. 6급 직원 때는 세계도자기엑스포(2000. 8. 10.~10. 28./80일간 경기도 이천·여주·광주/80여개국 500여만 명 참석)의 기획조정실에 근무하면서 세계도자기 엑스포 매뉴얼, 백서까지 제작에 참여하였다. 중앙부처 재직 시절 국민·공무원 제안제도 활성화를 위해 대통령령인 제안규정을 개정하여 각 행정 기관을 평가하는 제도를 처음 도입했다.

고 노무현 대통령의 영결식 행사('09. 05. 29.)를 담당하고, 같은 해 고 김대중 대통령 영결식('09. 08. 23.)도 담당하였다. 특히 더위가 절정인 오후 2시 국회의사당 앞 잔디광장에서 거행된 고 김대중 대통령의 영결식 참석자의 무더위 대책으로 종이 모자를 제안하여 2만 4천여 명에게 모자를 쓰게 한 일이 두고두고 기억에 남는다. 국민장은 고 김대중 대통령 서거 후 7일 동안 진행했는데, 영결식 준비는 행정안전부 조직 실장을 TF 단장으로 국장, 과장, 사무관, 주무관 등 5명으로 구성하였다. 영결식 참석은 유족·장례위원회로부터 참석대상자 명단이 입수되면 사전 신원 조회를 통해 참석 대상자 명부를 작성하고, 영결식 당일 비표를 받아 행사장에 입장하게 한다. 덕산은 영결식 당일 비표 교부와 행사장 안내를 담당하는 공무원 150여 명을 선발하여 직원들을 배치하고 비표 교부 요령 등 사전 교육을 진행해야 했다. 영결식 날은 직원들의 현장 근무를 체크하고 비표 교부 등 돌발 변수에 대응하는 등 상황 관리를 총괄하기도 했다. 무더위 대책으로 종이 모자에 착안한 것은 경복궁의 고 노무현 대통령 영결식(5월) 안내를 담당했을 때 행사 시작 2시간 전부터 입장(수많은 참석자의 비표 교부 고려)하는 참석자들이 뙤약볕에 연신 땀 흘리는 모습을 보며 생각하게 되었다. 국회의사당 앞 잔디광장은 그늘이 없고, 오후 2시 한낮의 찜통더위를 고려하여 고 김대중 대통령 영결식 참석자에게 종이 모자를 제작하여 지급하는 것을 건의하였다. 행정안전부 장관 주재로 실·국장 등이 참석한 영결식 대책 회의에서 "신성한 국장에 모자를 쓰는 것은 대통령님에 대한 예의가 아니다. 전례가 없다"는 이유로 반대와 "모자를 지급하자"는 의견을 반복하다가 결국 모자를 지급하되, 검은 글씨로 '근조'라고 인쇄하는 것으로 결정되었다. 영결식 행사장 당일에는 운구 행렬과 함께 입장한 가족들과 첫째 줄의 내빈을 제외하고는 모두 모자를 착용하여 영결식이 순조롭게 진행되었다.

한적한 농촌 마을의 교량 건설이 숙원 사업이라 하자. 교량은 생각보다 많은 예산이 수반된다. 교량도 건설하고, 진입 도로를 확장하여 포장하기 때문이다. 농촌 지역의 인구는 감소 추세인데 군의 재정 사정으로 교량을 건설하는 것은 사업의 우선순위서 뒤로 처지기 마련이다. 이런 사업을 지역 국회의원이 발 벗고 나서서 국비를 확보하여 교량을 건설하게 되었다고 가정해 볼 수 있다. 국비사업은 지방비를 일정 부분 부담해야 한다. 이런 교량을 두고 자신의 공로로 교량이 건설되었다고 주장하는 사람들이 많이 있다. 국비를 확보한 국회의원부터 지방비를 부담한 군수, 교량 건설을 건의한 군 의원, 마을 이장 등 모두가 자신의 공로라고 주장하게 된다. 그리고 교량을 시공한 시공 업체, 감독 공무원도 본인이 교량 건설에 기여하였다고 자부심을 느낄 수 있다. 그러나 단순히 업무를 담당하였기 때문에 자신의 공과로 내세우는 것은 적절하지 않다고 본다. 적어도 자신의 흔적으로 주장하려면 자신의 창의적인 아이디어를 가미하여 성과물이 나타나야 한다. 엄숙한 영결식 참석자를 위해 종이 모자를 지급하는 것은 전례가 없었기에 덕산의 아이디어와 뚝심이 없었다면 2만 4천여 명의 참석자 중 내리쬐는 태양열에 2시간 이상 노출되었을 때 일사병으로 쓰러지는 환자도 발생할 수 있었다고 생각된다.

최고 관리자를 꿈꾸는 당신은 지금까지 어떤 성과를 내세울 수 있는가? 적어도 한두 가지는 후배들에게 이런저런 일을 했다고 자랑스럽게 이야기할 수 있다고 본다. 아니면 아직은 특별히 내세울 것이 없다고 할 수도 있다. 한 분야에 오랜 기간 재직하면 전국체전, 엑스포, 국제심포지엄 등 크고 작은 행사를 담당할 기회도 있다. 주어진 업무를 개선하여 성과를 낼 기회도 서너 차례는 있다고 본다. 이런 기회를 아무런 의미 없이 지나치는 사람이 있는가 하면 덕산처럼 치밀한 고민과 몰입으로 괄목할 만한 흔적을 남기는 사람도 있다.

흔적을 남긴다는 것은 자신의 업무실적만을 의미하지 않는다. 인사이동으로 자리를 이동할 때 자신의 이미지는 어떤 흔적을 남겼는지를 성찰해야 한다. 긍정적인 이미지를 남겼는지 아니면 부정적인 이미지인지 자신을 되돌아봐야 한다. 일 잘하고 성실한 직원, 무색무취의 직원, 잘 떠났다는 직원, 직원들과 소통이 안 되어 힘들었다는 직원 등 여러 평이 나올 수 있다. 공직 사회에 한 번 찍히면 10년은 간다고 한다. 10년의 의미는 한 부서 재직기간을 1년 6개월로 가정할 때 일곱 번은 인사이동이 되어야 한다는 뜻이다. 이 기간 100여 명(부서별 15명)의 직원들과 함께하며 자신의 이미지를 세탁해야 한다. 요즘 공직 사회는 일과 삶의 균형이 강조되고 있다고 해서 지나치게 개인의 삶에 무게 중심을 두고 있지는 않은지 곰곰이 생각해 보아야 한다. 현재 부서에 만족하지 않아서, 상사와 동료의 마찰로 전보를 생각할 수도 있다. 때로는 워라밸이 대세라고 대충대충 할 수도 있다. 이런 생활이 계속되면 자신의 이미지를 성형해야 한다. 외관상 나타나는 얼굴을 성형하는 것이 아니라 내면에서 뿜어져 나오는 자신의 이미지를 성형해야 한다. 아무리 고달프고 어려운 환경도 1~2년이면 분위기는 반전된다. 먼저 왔던 직원들은 가고 새로운 직원들로 바뀌는 것이 공무원 조직이다. 인사이동을 원해도 떠나는 그 순간까지 업무에 몰입하면 자신의 마인드도, 자신에 대한 평가도 달라질 것이라고 본다. 공무원 상위 1%를 꿈꾸는 자라면 '지금, 이 순간이 마지막이다.'라는 심정으로 떠난 자리에 아름다운 흔적을 남겨야 한다.

절대 사익을 추구하지 마라

어느 할머니의 절규

'김순정' 할머니는 서울의 한 다세대 주택에 거주하는 75세의 독거노인이다. 다세대 주택에는 김순정 할머니 등 12가구가 살고 있다. 평온하기만 하던 다세대 주택에 문제가 생겼다. 다세대 주택과 인접하여 대형 빌딩이 신축(10년 전)되기 때문이다. 빌딩이 들어서면 일조권 침해가 되고, 다세대 주택에 영향을 줄 수 있다. 따라서 다세대 주택 거주자와 빌딩 건축주의 충돌이 발생하였다. 우여곡절 끝에 다세대 주민들과 빌딩 건축주는 합의를 보게 되었다. 앞으로 빌딩 신축에 따른 어떠한 민원도 제기하지 않겠다는 합의서를 작성하고 약간의 합의금을 받았다. 빌딩 건축 당시는 다세대 주택 외벽에 실금이 가는 정도였으나 10년의 세월이 지나다 보니 벽에 균열이 점점 심해졌다. 김순정 할머니는 보수 공사를 위해 업체의 견적을 받아 보니 상당한 금액이 필요했다. 10년 전의 합의금으로는 엄두도 낼 수 없는 큰 금액이었다. 건물주를 찾아가 보수 공사비를 부담해 달라고 요청하였으나 이미 10년 전에 끝난 일이라며 문전박대를 당했다. 변호사를 찾아가 상담을 했더니 10년 전 합의서 내용을 알아야 변호를 해 줄 수 있다고 했다. 김순정 할머니는 구청 건축과로 달려가 빌딩 건축 당시의 합의서를 복사해 달라고 요청했으나, 담당 공무원은 다세대 주택에 거주하는 12가구의 성명과 주민등록번호가 포함되어 있어 공개할 수 없다고 하였다. 공개를 원하면 합의서에 서명한 12가구의 승낙을 받아 오라는 것이었다. 다세대 주택 거주자는 대부분 세입자이고 건물주와는 대부분 소통을 하지 않는 편이다. 따라서 10년 전 합의한 가구주를 찾는 것은 불가능에 가까웠다. 김순정 할머니는 왜 복사를 못 해 주는지 이해할 수 없어 구청 건축과를 3개월 가까이 찾아가며 농성 아닌 농성을 했다. 시청을 찾아가도 합의서는 구청에서 판단할 문제라는 답변만 들어야 했다. 그러다 광화문에 있는 정부청사로 찾아가 보라는 지인의 조언에 따라 행정안전부로 찾아온 것이었다.

"할머님! 담당 공무원이 외부에 출장을 나가 언제 올지 모릅니다. 다음에 오세요."라고 하는 직원의 요청에도 김순정 할머니는 무조건 사무실에 기다리기로 했다. 3시간 남짓 기다린 끝에 담당 사무관이 사무실로 들어왔다. 그간의 억울한 사정을 이야기했더니, 담당 공무원은 구청 담당자, 과장과 통화를 주고받더니, "할머님 해결되었습니다. 내일 구청에 가실 때 할머니 도장을 지참하여 가시면 합의서를 복사해 주기로 약속을 했습니다."라고 하는 것이었다. 김순정 할머니는 어찌나 고마운지 눈물이 핑 돌았다. 3개월 동안 구청을 오가며 힘들었는데 담당 공무원이 30분 만에 해결해 주었다. 꿈만 같아! 연신 고맙다고 말하며 정부청사 문을 나섰다.

구청 담당자는 김순정 할머니의 정보공개 청구를 받고 10년 전의 빌딩 건축 허가 서류를 찾아보았다. 다세대 주민과 건축주간의 '합의서'는 12가구의 성명과 주민등록번호 등 개인정보가 있었다. 개인정보를 공개하기 위해서는 당사자들의 동의가 필요한 것으로 판단했다. 무엇보다도 합의 당사자인 빌딩 건축주의 의견을 조회한 결과 공개하지 말라는 답변이 돌아왔다. 이미 10년 전 피해를 보상하고 합의가 끝났기에 공개를 거부한 것이었다. 이런 사정을 김순정 할머니께 몇 번을 설명해도 막무가내로 구청에 찾아와서 떼를 쓴다고 했다.

정보공개제도는 부분공개제도를 도입하고 있다. 개인정보와 공개 가능한 정보가 혼재된 경우는 공개 청구의 취지에 어긋나지 아니하는 범위에서 부분 공개해도 된다(정보공개법 제14조). 따라서 김순정 할머니가 요청한 '합의서'의 내용은 공개하고, 11가구의 성명과 주민등록번호 등 개인정보는 가리고 합의서 내용을 공개하면 된다. 따라서 다세대 주택 11명의 개인정보를 보호하기 위해 합의서 전체를 비공개하는 구청 담당자의 판단은 잘못되었다. 그리고 이해당사자인 빌딩 건축주(제삼자)의 비공개 요청도 거부해야 한다. 김순정 할머니와 빌딩 건축주의 분쟁은 법정에서 다투어야 할 문제다. 이런 의미에서 김순정 할머니의 소송 준비 서류에 필요한 정보는 공개하는 것이 정당하다. 이에 비해 건축주의 이미 보상이 끝났다는 이유로 공개를 거부하는 것은 민사소송을 방해하는 의도로 비칠 수도 있다.

흔히들 민원인의 입장에서 보라고 한다. 위민행정의 중요성을 강조하는 말이다. 그러나 일선 현장에는 그렇지 않은 경우를 종종 보게 된다. 김순정 할머니 사례와 같이 정보공개업무 담당자는 정보공개법과 정보공개업무 매뉴얼을 충분히 숙지하지 못했을 때 민원이 발생한다. 담당 공무원의 실수로 할머니는 3개월 가까이 구청을 오가며 고통을 겪었다. 어쩌면 중앙부처의 유권해석이라도 받았더라면 이런 민원은 발생하지 않았을 거라고 본다. 담당 계장이나 과장도 관리자의 역할을 다하지 못했다고 생각한다. 김순정 할머니와 같은 장기 민원은 관리자가 직접 상담을 해 보고 그 해결점을 찾아 주는 것이 관리자의 역할이고 역량이다.

너, 승진하나 두고 보자

덕산이 도에 근무하는 7급 주무관이던 시절이다. 주무관의 위치에도 동료 직원 3명과 함께 경기주택도시공사 설립업무를 총괄하고 있다. 도는 수도권의 늘어나는 주택 수요를 감당하는 공영개발 사업단을 운영하고 있다. 공영개발 사업단은 2급 공무원을 단장으로 40여 명의 직원이 근무하는 행정 조직이다. 하지만 조직의 특성상 수도권의 인구 팽창에 부응하는 택지개발이 따라가지 못했다. 도내 수많은 택지개발 사업을 한국토지주택공사가 시행하여 개발 이익이 유출되는 것이 심각한 손실이었다. 이런 점을 개선하고자 도는 공영개발 사업단을 해체하고 경기주택도시공사를 설립하기로 방침을 정했다. 지방공사 설립은 기본 계획을 수립하여 행정안전부 장관의 설립 인가를 받아야 한다. 그리고 설립 근거 조례를 제정하고 공사에 현금과 현물(토지, 건물 등)을 출자하는 공유재산관리계획 승인도 받아야 한다. 지방공사정관, 사원

내규, 회계 규정 등 각종 내부 규정을 제정해야 한다. 어느 정도 조직의 외곽이 갖춰지면 공사 사장을 비롯한 임직원 선발 계획을 수립하여 채용해야 한다. 이런 방대한 업무의 실무를 덕산이 총괄하는 것은 쉬운 일이 아니다.

덕산은 공사의 조기 정착을 위해서는 우수 인재를 확보하는 것이 최우선 과제라고 생각했다. 따라서 공사 임·직원의 직급 체계를 도의 직급 체계와 같이하였다. 공사의 2급 부장은 도의 4급 서기관, 과장은 5급 사무관, 대리는 6급 공무원 보수를 적용하면서 공무원 보수보다 30% 상향하여 책정하였다. 이런 기준은 정부의 공사 설립 지침에서 최상의 기준이었다. 공사 사장, 상무와 감사, 부장 등 8명은 경력직으로 서류 전형과 면접시험을 통해 선발하였다, 과장 이하 일반 직원은 필기시험과 면접을 병행하는 공개 경쟁시험을 통해 우수 인력을 확보하였다. 이런 노력으로 공사의 임직원 선발 시험은 수십 대 일의 높은 경쟁률을 보였다. 경기주택도시공사는 설립 초기 사업 규모를 고려하여 임직원을 53명으로 출범('97. 12. 1.)하였다. 공사의 명칭도 경기지방공사로 출범하였으나, 사세가 확장되어 '경기도시공사'로, 다시 '경기주택도시공사'로 명칭이 변경되었다. 임직원도 650여 명('20년 7월)으로 증가하여 수도권의 택지 개발과 주택 공급을 활발히 하고 있다.

경기주택도시공사의 '과장' 직위는 공무원 5급 상당이다. 공무원의 응시 자격은 5급 공무원이거나 6급 상당의 공무원 경력이 4년 이상이어야 된다. 공무원 6급 상당은 행정직·기술직·기능직 구분 없이 누구나 응시할 수 있다. 공무원 6급에서 4년 이상의 경력을 요구한 것은 5급 사무관 승진 최저 연수를 적용하였다. 이런 기준을 완화해 달라는 나청탁의 요청이 있었다. 처음에는 덕산의 직속 계장을 통해 부탁할 때는 이미 선발 기준을 확정한 상태고, 경력 기준에 예외를 인정하는 것은 덕산의 사고 범위를 벗어났기에 어쩔 수 없다는 점을 간곡히 전달했다. 이튿날 덕산의 전화벨이 울렸다. 전화를 받았더니.

"나청탁인데 덕산 주사 요즘 공사 설립에 고생 많지?"

"아! 네, 안녕하세요."

"도 직속 기관 총무과 이 계장 알지? 그 친구 일 잘하고 성실한데 이번에 공사 과장급으로 보냈으면 하는데 받아 줘? 응시 자격을 보니 경력이 조금 모자라는데 기준을 완화하든지 아니면 예외를 인정하든지."

이렇게 말하는 것이었다. 덕산이 단번에 "공사 채용 기준은 이미 확정된 사항이라 변경할 수도 없고, 설사 변경하려면 기획조정실장께 보고해야 합니다."라고 했더니 "너 다음에 승진하나 두고 보자."

라며 '탁' 하고 수화기를 놓는 소리가 들렸다.

공직자는 왜 공정한 행정을 펼쳐야 할까? 그것은 공무원의 업무 하나하나가 시민과 직결되기 때문이다. 공정(公正)의 사전적 의미는 '공평하고 올바름'이다. 공평하다는 것은 어느 쪽으로도 치우치지 않고 고름을 의미한다. 새로운 시책을 개발하거나 집행할 때도 정책 수혜 대상이 특정 대상에 편중되지 않도록 골고루 펼쳐야 한다. 각종 조세를 징수할 때도 병목 현상이 생겨서는 안 된다. 시민에게 부담을 주는 조세 행정이 공평하지 않을 때는 엄청난 조세 저항을 불러올 수 있기 때문이다. 덕산 주무관은 7급에서 6급 승진을 할 시기에 나청탁의 협박성 전화를 받았다. '이러다 정말 승진에서 배제되는 것은 아닌가?' 하고 불안도 했지만, 이런 전화는 공사 직원의 인기만큼이나 수없이 받아왔기에 모두 거절하였다. 한 번 정한 기준을 흔들림 없이 준수하였고, 동일한 잣대로 투명하게 공사 직원을 선발하였다. 경기주택도시공사 직원의 채용 과정에 공정성을 유지하는 것은 우수 직원 채용으로 연결되고 새롭게 창립하는 공사의 발전과도 직결되는 문제였기 때문이다.

불우이웃돕기 성금으로 기부했습니다

덕산 주무관이 도에서 ㈜경기개발공사(이하 '회사'라 한다) 업무를 담당하고 있을 때의 일이다. 회사는 도와 시·군이 51%를 출자하고 도내 지도층 인사들이 49%를 출자하여 설립된 주식회사다. 설립 초기는 남한강의 골재채취사업 등을 통해 건실하게 운영되어 왔으나 점차 설립 당시의 시·군 지역 개발이라는 목적에 부응하지 못하고 있었다. 회사의 사장, 임원은 도의 퇴직 공직자로 충원되고 이는 경영 부실로 이어져다. 이런 회사를 청산하고 도에서 추진하는 경기지방공사에 흡수하는 절차를 진행하게 되었다. 주식회사의 청산은 주주총회의 해산결의와 해산 및 청산인 선임등기, 회사의 채권 신고 등 신문 공고, 법원의 해산 신고, 법원에 자산목록 및 해산 대차대조표 신고, 채무의 변제 및 잔여재산의 분배, 결산보고서 작성 순으로 진행된다. 이런 절차의 진행은 회사의 상임이사가 청산인(상법 제531조)이 되어 회사 재산을 감정 평가하고, 임직원의 신분을 어느 정도 보장하는 등 여러 절차가 필요하다.

덕산은 한 달에 2~3번은 회사를 방문하여 주주총회와 이사회에 배석하고, 청산 관련 업무를 협의하였다. 회사의 규모는 본사와 '의왕~과천 유로 도로관리소' 등 임직원이 25명 내외 재직하고 있었다. 회사의 청산은 임직원의 신분보장 문제가 핵심 이슈가 되었고, 임직원은 법인 청산을 주도하는 덕산의 발언이나 행동에 민감하게 반응하였다. 이런 사정으로 덕산은 이사회 참석과 업무 협의를 위해 회사를 방문해도 꼭 필요한 대화만 나누고 불필요한 감정을 사지 않도록 몸가짐을 조심하였다. 어느 날 이사회 참석을 위해 과장을 모시고 방문하였다. 이사는 당연직과 선출직으로 구분하는데 당연직 이사는 도 공무원, 회사 사장, 상무로 구성되었고 선출직은 민간 대주주로 구성되어 있다. 이사회 간사인 회사 총무부장이 "덕산 주사님도 이사회 배석하여 발언도 하시는데 이사 참석자 명부에 서명해 주세요." 하는 것이었다.

"아니, 과장님 의견을 부연해서 설명하는데 제가 왜?"

"그래도 중요한 발언을 하시고 법인 청산 서류를 법원에 제출할 때 회의록도 함께 제출하는데 서명하셔야 합니다."

"아, 네. 알겠습니다."

별생각이 없이 서명하였다. 이사회가 끝난 후 상무님이 찾는다기에 상무 방으로 갔더니, 상무님은 "오늘 이사회에 수고 많았다."라며 회의 참석 수당이라며 봉투를 주시는 것이었다.

덕산은 순간 당황스럽기도 하고 평소 존경하는 선배님이 주시는 봉투를 보는 앞에서 거절하기도 어려웠다. 도청으로 들어와서 봉투를 개봉하였더니 이사 수당과 같은 금액이었다. 이것을 어떻게 해야 하나 고민에 고민을 거듭한 끝에 불우이웃돕기 성금을 떠올렸다. 연말이라 도청에 적십자 직원이 나와 불우이웃돕기 성금을 모집 중이었다. 즉시 사회복지과로 달려가 봉투를 내밀며 익명으로 기부를 하고 나니 왠지 모르게 이사회 참석도 부담되지 않았고 당당할 수 있었다. 회사 총무부장은 종전처럼 참석자 명부 사인을 요청하였고, 당연한 것처럼 이사회 참석 수당이라며 봉투를 건네는 것이었다. 덕산이 보기 좋게 "지난번 주신 수당은 불우이웃돕기 성금으로 기부했습니다."라고 했더니 이후는 일절 그런 일이 없었다.

회사의 청산 절차는 순조롭게 진행되었고, 회사 직원을 대상으로 필기시험과 면접을 통해 선발된 직원은 경기지방공사 창립('97. 12. 1.)에 맞추어 공사 직원으로 채용하였다. 덕산은 "너, 다음에 승진하나 두고 보자."라는 나청탁의 악담에도 불구하고 '98년 1월 정기인사에 6급으로 승진하였다. 지난 세월을 돌이켜볼 때 이사회 참석 수당이라며 주신 선배 공무원의 봉투를 불우이웃돕기 성금으로 기부하지 않았다면, 과연 법인 청산이 원만히 진행되었을까? 회사 직원들의 신분보장 요구는 어떻게 감당할 수 있었을까? 아찔한 순간이었다고 생각된다.

누이 좋고 매부 좋고

덕산이 구청에서 토지거래 신고 업무를 담당하고 있을 때의 일이다. 토지거래 신고제는 수도권 등의 부동산 투기를 방지하기 위해 개인 간의 토지를 거래하고자 할 경우, 관할 시장·군수에게 신고하고 신고필증을 첨부하여 등기하는 제도다. 이 제도는 「국토이용관리법」의 규정에 근거하여 '78년부터 도입되었고, 「국토의 계획 및 이용에 관한 법률」로 개정되었다. 다시 「부동산 거래 신고 등에 관한 법률」로 변경('16년)되었다. 업무 절차는 토지거래신고서에 부동산 지목(전, 답 등), 지번, 면적, 신고 가격, 매수자와 매도자 인적 사항 등을 기재하여 관할 행정 기관의 민원실에 접수하면 된다. 토지거래 신고 업무의 업무 처리 기한은 25일이다. 토지거래신고서가 접수되면 거래 가격의 적정성을 검토하게 된다. 적정성은 거래하고자 하는 토지와 가장 유사한 기준 필지를 선택하여 신고 필지의 매매 가격이 기준 필지 공시 가격('88년 국토교

통부 제공)의 80% 이상 120% 이하로 형성되면 적정 가격으로 인정하여 토지거래 신고필증을 교부한다. 문제는 하루에 20여 건의 토지거래신고서를 사전에 검토하여 민원실에 접수해야 한다는 것이다. 접수된 서류는 토지거래 신고 필지와 가장 유사한 기준 필지를 지적도를 확인하여 찾는다는 것이 현실성이 떨어졌다. 덕산은 낮에는 민원인과 씨름하고, 틈틈이 현장을 확인하다 보니 매일 밤 10시 넘어야 퇴근할 수 있었다.

토지의 매수 가격을 정부가 고시한 기준 필지와 근접하게 신고한다는 것은 매도자나 매수자의 입장에서 여간 복잡한 것이 아니었다. 복잡한 절차는 토지거래 신고 대행업체의 활성화로 이어졌고, 실제로 토지거래 신고 건수의 대부분이 대행업체에서 신고하였다. '나 브로커'는 매일같이 사무실을 찾아와 자신이 접수한 토지거래 신고 건이 처리되었는지 확인하고 하루라도 빨리 처리해 달라고 사정하였다. 이런 요구에도 불구하고 덕산은 공정한 업무 처리를 위해 민원 접수순 처리를 철칙으로 하였다. 어느 토요일, 주말부부라 오전 근무를 마치고 수원역까지 도보로 이동(약 15분 거리)하려고 사무실을 나서는데 그때까지 사무실에 있던 나 브로커가 따라나서는 것이었다.

"덕산 주사님! 저 좀 살려 주세요! 일하다 보면 급하게 경매로 넘기기 전에 급매로 나오는 토지도 있고, 손님에 따라서는 토지거래 신고를 독촉하는 분도 있습니다. 저의 사정을 봐서 편의를 봐주시면 성의껏 사례하겠습니다."

"그건 안 됩니다. 어떤 민원이든 접수 순서대로 공정하게 처리하는데 급행료를 받고 처리한다는 것은 저의 양심이 허락되지 않습니다."

"아니, 그렇다고 법을 위반하자는 것도 아니지 않습니까? 주사님은 저를 위해 도와주시고, 저는 답례를 한다면, 누이 좋고 매부 좋은 일이 아닙니까?"라며 50만 원 수표를 호주머니에 찔러 주려는 것을 억지로 뿌리치고 헤어졌다. 주말을 보내고 월요일 출근하였더니, 계장님이 대뜸 "덕산 주사, 토요일에 집에 다녀왔어?"라고 묻기에 "네, 다녀왔습니다." 했더니 계장님은 고개를 갸우뚱하시며 반신반의하는 것이었다. 덕산은 토요일 퇴근할 때 나 브로커와 함께 사무실을 나서는 것을 두고 오해한 것인지 아니면 브로커가 자기와 술 마시며 놀았다고 모함을 한 것인지 알 수는 없었지만, 온종일 기분이 개운치 않았다.

"가랑비에 옷 젖는 줄 모른다."라는 속담이 있다. 처음 시작이야 선의로 편의를 봐주고 가벼운 식사로 시작되더라도 브로커와 만남을 지속하다 보면 친분이 쌓이고 경계는 느슨해진다. 브로커는 좀 더 적극적인 자세로 돌변하고 급기야는 해서는 안 될 법규를 일탈할 수도 있다. 그러다 덜컥 감사에 걸려서 옷을 벗을 수도 있다. 이런 사례를 간간이 언론을 통해 접할 때는 "누이 좋고 매부 좋다."라는 브로커 제의를 호기롭게 뿌리친 덕산의 당당한 모습이 한편 대견스럽기도 하다. 중앙부처 근무라는 큰 꿈이 있었고 그 꿈을 향해 달려가는 덕산의 도덕적 기준에는 상상할 수도 없는 일이었다고 본다.

저울 균형추에 맞추어 판단하라

덕산이 중앙부처에서 정보공개 업무를 담당할 때의 일이다. 광역시의 정보공개 업무 담당자로부터 정보공개 청구에 대한 문의가 들어 왔다. 시청 차량등록사업소에 근무하는 박 계장의 근무 형태에 대한 정보공개 청구를 받은 것이다. 박 계장의 시간 외 근무 실적, 출·퇴근 시간 및 연가 사용에 대한 정보공개를 청구한 것이었다. 정보공개를 청구한 민원인은 차량을 등록하면서 특정 번호를 요구하였으나 박 계장은 이를 거절하고 접수순으로 차량 번호를 부여하였다. 민원인은 이에 앙심을 품고는 박 계장의 근무 형태를 주시해 오다 특정일에 9시 넘어 출근하는 것을 보고는 출·퇴근 시간 등을 정보공개 청구한 것이었다. 이를 공개해야 할지 아니면 비공개하는 것이 옳은지 시청에서 판단이 어려워 중앙부처에 문의한 것이었다.

덕산은 정보공개 법령을 연찬했다. 정보공개 법령은 정보공개법, 정보공개법 시행령, 정보공개법 시행규칙이 있다. 정보공개 기준이 되는 대법원 판례, 하급법원 판례, 행정심판 재결례, 이의신청 사례 등을 살펴보는 식이었다. 정보공개법은 정보공개를 원칙으로 하고 개인정보 등은 비공개를 하고 있다(정보공개법 제9조 제1항). 개인에 관한 정보는 개인의 신체, 재산, 신분 등에 관한 정보로서 특정 개인을 식별하거나 다른 정보를 통해 특정 개인이 식별될 수 있는 정보다. 이런 정보는 사생활의 비밀이나 자유가 침해될 우려가 있기 때문이다. 개인에 관한 정보는 성명, 주소, 생년월일, 주민등록번호도 포함된다. 때로는 직명으로 특정 개인을 식별할 수 있을 때도 해당한다. 박 계장의 정보공개 청구 내용을 보면 시간 외 근무 실적, 출·퇴근 시간 및 연가 사용 실적이다. 이들 정보 모두 박 계장을 식별할 수 있는 정보이기에 비공개 대상이 된다. 사업소 전체 직원을 대상으로 시간 외 실적, 연가 사용 실적에 대해 정보공개 신청을 하더라도 사업소장은 비공개하고, 6급 이하 직원은 대외 직명인 주무관으로 명기하여 공개하면 된다. 사업소장 1인은 개인 식별이 되기 때문에 비공개해야 한다. 불가피하게 사업소장을 포함하여 공개할 때는 사업소 전체 직원의 성명과 직급을 식별할 수 없도록 모두 ○○○으로 표기하여 공개를 할 수도 있다. 공무원 개인에 관한 정보는 그 성격에 따라 달라질 수도 있다. 각종 문서 등에 기재되는 기관장명, 국장명, 회계 서류의 지출 부담 담당관의 성명 등은 개인정보로 취급하지 않는다. 이런 문서에 명기된 공무원은 공공 기관을 대신하여 행위를 하는 것이기 때문에 공개해야 한다. 일반적으로 공무원의 성명과 직위, 사무실 전화번호는 공개하고 있다.

공무원은 자신의 업무와 관련하여 정보공개요청을 받으면 특별한 잘못이 없음에도 공개를 꺼리는 경향이 있다. 마치 감사를 받는 심정으로 공개에 부담을 느낀다. 덕산은 시청 직원의 시간 외 근무 실적, 출·퇴근 시간, 연가사용을 공개하는 것이 같은 공무원이라 다소 부담스럽다. 투명한 행정을 위해서는 공개해야 하고, 개인의 사생활 보호를 위해서는 비공개해야 한다. 이런 때는 공익과 사익의 적정한 균형점을 찾아야 한다. 공익과 사익의 균형점을 찾기 위해서는 공개의 이익과 비공개 이익을 비교형량을 해야 한다. 비교형량은 정보의 내용, 공개해야 하는 이유 및 공개로 인한 정보공개 청구권자의 구체적 이익과 공개 거부로 보호되는 공무원의 사생활 보호를 비교하면 된다. 비교형량을 할 때는 저울추로 달아서 객관적으로 판단해야 한다. 공익과 사익의 어느 이익에 치우침이 없이 균형점에서 결정하면 된다.

암행 감찰이었을까?

예나 지금이나 암행 감찰은 특별한 비리의 개연성이 있을 때 나오는 것으로 알고 있다. 그래서 사전적 의미로는 '자기의 정체를 숨기고 실행하는 감찰'이다. 본문 116쪽 '누이 좋고 매부 좋고'에서 언급된 것과 같이 덕산 주무관이 구청에서 토지거래 신고 업무를 볼 때의 일이다. 그날도 아침부터 저녁까지 토지거래신고서를 제출하고자 하는 민원인들과 종일 상담을 하는 통에 지쳐 가는 오후 4시경이었다. 40대 중반 정도는 돼 보이는, 평범한 반소매 와이셔츠와 감색 바지를 입은 건장한 남성이 사무실을 찾아왔다.

사무실을 들어서자마자, "토지거래 신고를 하려고 왔습니다. 담당자가 누구십니까?"라고 해서 "아, 네, 접니다. 여기로 와서 앉으시죠." 하며 의자를 권했다.

"안녕하세요? 이번에 농지를 하나 구매했습니다. 그런데 토지거래 신고 제도를 모르고 농지를 샀습니다. 이거 제가 잘못한 것 같은데 한 번만 봐주세요!"

사실 난감하였다. 토지거래 신고는 사인 간의 매매 계약을 약정하고 그 가격이 기준 필지의 80% 이상 120% 이하에 거래되어야 토지거래 신고필증을 발급한다. 이미 계약이 끝났다고 하니 어떻게 해야 할지 막막하였다. 계장님, 과장님을 번갈아 보아도 아무런 반응이 없었다. 마치 담당자가 알아서 하라는 눈치 같기도 했다. 민원인은 연신 잘못했으니 한 번만 봐 달라고 통사정을 했다. 토지거래 신고 업무 훈령(국토교통부 발행)을 찾아봐도 도통 해결점을 찾을 수 없었다. 토지거래를 하지 않을 시에는 50만 원 이하의 벌금을 부과한다는 벌칙 규정만 눈에 들어왔다. 지금까지 토지거래 신고를 하지 않았다고 자진 신고하는 경우는 한 번도 없었다. 그렇다고 민원인을 마냥 두고 있기도 곤란했다.

"선생님 사실 토지를 매매한 뒤에 거래 신고를 하는 것은 분명 잘못된 것이지만 일단 작성하신 서류를 주시겠어요?"

"여기 있습니다."

토지거래신고서 내용이 적정하게 작성되었는지 확인하고는 토지거래 신고 필지와 유사한 기준 필지의 거래 가격을 비교하였다. 다행스럽게도 토지거래 매매 가격을 변동하지 않아도 토지거래 신고 수리는 가능했다.

"선생님 이거 토지거래 신고 가격이 적정한 것 같습니다. 사전 신고 없이 토지거래를 하면 50만 원 이하 벌금을 부과해야 하지만, 그래도 늦게나마 부동산 등기 전에 토지거래 신고를 하려고 제출하였으니 다행입니다. 민원실에 접수하시고 가시면 됩니다."

"네, 고맙습니다. 제가 꼭 사례는 하고 싶습니다. 차라도 한잔 모시겠습니다. 저와 같이 나가시죠."

"아닙니다. 그냥 가시기 바랍니다. 지금은 근무 시간이고 그런 것은 필요 없습니다."라고 하며 실랑이를 벌였다. 민원인이 사무실을 나가고 30분 정도 지났을까? 전화가 걸려왔다.

"덕산 주사님 여기 반가 다방입니다. 하도 고마워서 그냥 가기도 그렇고 잠깐만 나와 주세요. 기다리고 있겠습니다."

"아닙니다. 그냥 가세요. 저는 나갈 수 없습니다."

전화를 대충 마무리하고 수화기를 놓았다.

토지거래 신고 제도는 부동산 투기 붐을 억제하기 위해 토지거래 신고 필지와 유사한 기준 필지를 적용하여 토지거래 가격이 턱없이 높거나 낮으면 강제로 가격을 조정하는 제도다. 제도상으로는 사인 간의 매매를 약정하고 토지거래 신고 필지가 기준 필지의

80% 이상, 120% 이하를 벗어나면 매매 가격을 조정해야 한다. 그렇게 해야 부동산 등기를 할 수 있다. 부동산 등기서류에 토지거래 신고필증이 첨부되기 때문이다. 따라서 토지거래 신고는 일종의 요식 행위에 불과한 것으로 생각이 든다. 덕산 주무관이 토지거래 신고 업무를 담당하는 동안 토지거래 신고 필지의 거래 가격을 강제로 조정해도 왜 사인 간의 거래 가격을 마음대로 조정하는지에 대한 민원 제기는 한 번도 없었다.

이후 접수되는 토지거래신고서를 유심히 살펴보아도 매매 계약을 끝내고 토지거래를 했다고 사정사정하는 민원인의 토지거래 신고서는 접수되지 않았다. 토지 투기 붐이 일어나던 시기에 토지거래 신고 건수는 폭증하고, 민원서류는 정체되는 현상에서 덕산 주무관은 자신이 업무를 제대로 하는지 혹여 금품을 바라는 것은 아닌지, 상급 기관에서 암행 감찰을 나온 것일까 의구심이 들었다.

담당자의 힘은 어디서 나오는 것일까?

어느 기관을 방문하든 업무 담당자를 찾게 된다. 담당자에 따라서는 자신감이 넘치는 직원이 있고 엉거주춤하는 직원도 있다. 담당자는 실질적으로 업무를 책임감 있게 추진하는 공무원이다. 공무원이 정책을 수립하거나 집행할 때는 업무 담당자로부터 일이 시작된다. 기관장이 업무 지시를 하더라도 관리자를 거쳐 업무 담당자에게 전달된다. 업무의 시작과 종결도 담당자가 된다. 이처럼 중요한 담당자의 힘은 어디서부터 나오는 것일까? 사전적 의미로 '힘'은 '사람이나 동물이 몸에 갖추고 있으면서 스스로 움직이거나 다른 물건을 움직이게 하는 근육'이라고 규정되어 있다. 공무원을 공익의 실현을 통해 국민에게 봉사하는 봉사자라고 한다면 '담당자의 힘'은 법령을 준수하며 공익을 실현하는 과정에서 발생한다고 볼 수 있다.

덕산이 세계도자기엑스포 조직위원회에 근무할 때의 일이다. 대규모 국제 행사를 성공적으로 개최하면 백서를 작성하고, 공로자를 선발하여 포상하게 된다. 덕산은 조직위원회에 근무하면서 행사 매뉴얼을 작성하고, 백서와 포상 업무를 담당하였다. 정부 포상 절차는 포상 계획을 수립하여 소관 부처와 협의를 하고, 이를 정부 포상 담당 부처인 행정안전부와 협의하여 포상 규모를 확정한다. 포상 규모가 결정되면 조직위원회에서 포상 대상자를 선발하게 된다. 조직위원회 선발 기준은 도자기엑스포 개최 공로를 고려하여 조직위원회 근무 기간, 공무원 경력, 직급 등으로 정하였다. 조직위원회의 직원과 민간 참여자는 조직위원회 참여 기간, 기여도를 반영하였다. 덕산이 작성한 정부 포상 선발 계획, 관계 기관 포상 협의 및 선발 계획은 결재 라인을 수정 없이 통과하였다. 상훈 등급은 훈장, 포장, 대통령 표창, 국무총리 표창, 장관 표창 등 5단계로 나누었다. 훈장은 재직 기간 등을 고려하여 사무관 이상 직급에서 선발하고, 포장 이하는 직급에 상관없이 도자기엑스포 공적에 따라 선발하였다.

포상 대상자 선정의 애로사항은 '세계도자기엑스포 개최 공적을 어떻게 객관화시키는가'에 있었다. 조직위원회는 파견 공무원, 재단 직원, 민간인 등으로 다양하고, 포상 인원도 조직위원회 직원 대부분이 포함되는 대규모였다. 도자기엑스포 행사를 준비하는 각 부서에 대해 난이도를 부여하여 공적을 따진다는 것은 현실적으로 어려웠다. 무엇보다도 도자기엑스포 개막과 동시에 포상 업무를 추진하는 관계로 깊이 고민할 틈이 없었다. 부득이 공적 산정은 부서와 상관없이 조직위원회 재직 기간을 기여도로 선정하는 것이 무난했다. 재직 기간을 공적 기준으로 선정하다 보니 조직위원회에 뒤늦게 합류한 부장과 일부 직원의 문제가 발생하였다. 도자기엑스포 개막을 불과 3주 앞두고, 단지개발부장이 전보인사 되었기 때문이다. 이로 인해 조직위원회 출범('98년 1월) 초부터 고생하다가 전보된 전임자는 대통령 표창 대상자로 선정되고, 단지개발 막바지에 합류한 후임자는 장관 표창을 받게 되었다. 이를 두고, 직속 부장을 통해 '4급 서기관인데 장관 표창을 재고해 보라는 지시'를 받았지만 "예외를 인정할 경우 다른 직원들에 대해서는 어떻게 설명을 할 수 있겠습니까?" 하며, 원칙을 고수하였다. 공무원에 따라서는 "뭐 그렇게 경직되게 할 필요가 있어! 적당히 하지!"라고 할 수도 있다. 적어도 그 당시는 융통성을 발휘할 줄 모르고 포상 담당자로서의 원칙, 신념으로 충만해 있었다.

이 글을 읽고 있는 당신이라면 담당자의 힘이, 아니 권한이 어디에서 나오는지 어느 정도 감을 잡았을 것이라고 본다. 덕산은 세계도자기엑스포 조직위원회 6급 주무관에 불과하였지만, 당당히 합리적인 기준을 정하고 한 번 정한 기준은 어떤 압력에도 굴하지 않고 끝까지 밀어붙이는 투지를 보여 주었다. 앞서 경기주택도시공사 직원 채용 과정의 단호함도 보여 주었다. 이와 같은 담당자의 투지와 단호함은 상사의 절대적인 신뢰가 전제되어야 한다. 신뢰는 담당하는 업무에 대해 누구보다도 열정과 해박한 지식이 축적되어야 한다. 이런 것이 바탕이 되고 공익을 실현하는 원칙과 신념이 있어야 가능하다. 다시 말해 담당자는 법령을 준수하고 합리적인 기준을 정하였을 때는 흔들림 없이 저돌적으로 밀어붙이는 과정에 '담당자의 힘'이 나온다. 그렇게 하는 것이 조직도 살고 담당자도 사는 길이다.

아무도 가르쳐 주지 않는 승진

자기 관리만큼 승진한다

'이성실'은 도청 계장(5급)이다. 이 계장의 출근 시간은 7시 30분 전후로 고정되어 있다. 그렇다고 자택이 가까운 거리도 아니고 사무실에서 1시간 30분 내외 소요되는 고양시에 거주하고 있다. 이 계장은 오늘도 책상 위에 부착된 '성공했을 때를 상상해 보라'라는 글귀를 눈으로 읽으면서 일과를 체크하고 있다. 이 계장은 대쪽 같은 성품에 공사 생활도 분명하다. 술도 한두 잔만 먹고(3년을 봐 왔는데 한 번도 과음한 적 없음), 공식적인 식사 외의 자리는 직접 계산한다. 이런 청렴한 생활을 몸소 실천했기에 고양시의 구청장을 역임했다.

권 과장은 도청 4급 서기관이다. 7시 50분에는 늘 출근하여 수첩에 필기한다. 직원들의 이름을 반복해서 수첩에 적으면서 외우는 것이다. 때로는 업무와 관계되는 통계를 적으며 외우기도 하고,

본인이 주재하는 회의 참석대상자를 외우기도 한다. 이런 노력으로 복도에서 직원들을 만나면 먼저 "김혜숙 잘 지내지?" 하며 다정스레 이름을 불러 주며 인사를 건넨다. '아니, 과장님은 2~3번 복도에서 뵙는데 어떻게 내 이름까지 기억하시지?' 하고는 화들짝 놀란다. 권 과장은 비고시 출신으로 도청 부지사를 역임했다.

덕산 사무관이 중앙부처에 재직할 때의 일이다. 분당에서 정부서울청사까지 마을버스와 광역버스를 번갈아 타며 출·퇴근을 한다. 분당에서 사무실까지는 차가 밀리지 않으면 1시간이지만, 러시아워 때는 1시간 30분~2시간 소요된다. 그것도 입석으로 짐짝처럼 만원 버스를 이용해야 한다. 그래서 새벽 5시 30분에 일어나 6시경 버스를 타면 7시는 어김없이 사무실에 도착한다. 출근하자마자 정부청사의 헬스장에서 운동하고 8시에는 자리에 앉는다. 한마디로 의관정제(衣冠整齊)하여 손님맞이를 하고 있다. 어쩌다 빠뜨리고 근무하는 날에는 온종일 찌뿌둥하여 업무 능률도 오르지 않는다. 이런 행동을 중앙부처 근무하는 10년 내내 지속하였다. 이후 덕산은 광역시의 국장까지 역임하였다.

자기 관리는 마음속으로 스스로 기약한 것을 지켜 나가는 것이라고 생각한다. 스스로 기약한 것은 정신적일 수도 있고, 육체적일 수 있다. 일종의 목표를 정하고 이를 달성하고자 하는 행동의 변화를 도모하는 것이 자기 관리라 생각된다. 경남 산청군 단성면에 소재한 성철 큰스님의 기념관에 스님이 평생 생활신조로 지켜 오신 12계명이 전시되어 있다. '① 눈은 여자의 거동 눈여겨보지 마라, ② 귀는 티 끝 세계의 속된 말에 귀 기울이지 말라, ③ 코는 오신채 냄새도 맡지 말라, ④ 혀는 다른 사람의 허물을 희롱하지 말라, ⑤ 몸은 시주의 사물을 가까이하지 말라, ⑥ 뜻은 역순 경계(逆順境界: 마음먹은 대로 풀리지 않거나 마음먹은 대로 풀리는 것)에 굴러지지 말라, ⑦ 살은 비단처럼 부드러운 옷을 접하지 말라, ⑧ 손은 돈이나 귀한 물건을 잡지 말라, ⑨ 예를 올릴 때는 동녀의 발이라도 가리지 말라, ⑩ 이빨은 생명의 고기를 씹지 말라, ⑪ 마음은 시비의 단서에 관계하지 말라, ⑫ 그림자는 비구니 절 담도 지나지 말라'다. 우리나라 불교계의 큰 별이신 성철 큰 스님의 자기 성찰은 범인으로서는 감당하기 어려운 내용으로 채워져 있다.

해가 바뀌면 새해 소망을 빌어 본다. 올해는 이런 일을 달성할 수 있도록 염원하기도 한다. 때로는 거창하게 목표를 세워 보지만 달성하는 사람은 드물다. 오히려 달성할 수 없는 이상을 목표로 설정했는지도 모른다. 그만큼 자기 관리가 어렵다는 것을 의미하고 있다. 사례로 제시한 이 계장, 권 과장, 덕산 사무관은 모두 고위직으로 승진하였다. 시·도의 실·국장(2~3급)은 고시 출신이 대부분을 점유하고 있다. 이런 자리에 비고시 출신이 승진하는 것은 본인의 피나는 노력과 운이 따라야 한다. 시·군·구의 실·국장(3~4급)도 마찬가지다. 시·군·구의 실·국장은 내부적으로 수많은 경쟁자를 따돌리고 극소수만이 오를 수 있는 자리다. 한마디로 별을 다는 만큼이나 어려운 일이다. 세 사람 모두 자기 관리를 철저히 한 결과라 본다. 사례의 시대 상황과 지금의 상황은 비교될 수 없을 정도라고 할 수 있다. 직원들의 성장 배경도 다르고 부부 맞벌이가 대세인 점도 다르다. 업무 형태도 퇴근 무렵에 과제가 떨어지면 밤을 지새워 가며 보고서를 만들어 과장 책상 위에 놓고 퇴근하는 그런 시절에 비해 요즘은 직원들의 눈치를 봐 가며 아주 급하지 않은 문서는 다음 날 출근하여 지시한다. 실·국장은 직원들의 보고서를 결재하며 '그래, 이 직원은 잘하고 있네', '아직 개념 없이 일하는군' 등 마음속으로 평가하기도 한다. 직원의 업무 스타일, 근무 형태 등 다양한 요소가 있겠지만, 보고 서류를 얼마나 꼼꼼하게 파악하고 있는지 무심결에 던지는 질문에 답하는 한마디를 듣고도 직원의 미래, 성장 가능성을 보게 된다. 저녁이 있는 삶이 강조되고 있다고 야근을 회피해서도 안 된다. 아직은 승진할 시기가 아니라고 방심해서도 안 된다. 공직 사회에서 개인주의로 흐른다면 일정 계급(시·도는 6급, 시·군·구는 7급까지)은 무난히 승진하겠지만 그 이상 승진할 때는 애로 사항이 있다. 동기들보다 처지게 되고 후배에게 추월당하기도 한다. 이런 상황을 원하지 않는다면 자기 관리가 필요하다. 시대적 상황은 달라도 미래를 꿈꾸는 자라면, 자기 관리를 해야 한다.

이 책을 읽고 있는 당신이라면 자기 관리를 어떤 것으로 생각하는가? 자기 관리는 공무원이 지켜야 할 사항과 본인이 평소 부족하다고 생각하는 점을 개선하면 된다. 구체적으로 공익과 사익의 균형 감각, 청렴, 성실, 예의 바른 행동을 기본으로 하고, 금연, 절주, 체력 관리, 대인관계, 자기계발 등 개인의 사적 영역도 공인으로서 어느 정도는 관리해야 한다. 여기에 더해서 성철 큰스님의 12계명 중에서 공직자라면 늘 조신해야 할 내용을 담아서 자신이 실천해야 할 십계명을 만들어 보자. 십계명을 작성할 때는 권 과장의 '직원 이름 외우기'나 덕산의 '체력 관리'처럼 현실에 부합해야 한다. 자신의 몸에 맞는 옷을 입어야 편하듯이 실천 가능한 내용이어야 한다. 자신의 십계명을 정했다면 이 계장의 '성공했을 때를 상상해보라' 실천 방법을 차용하는 것도 좋다. 십계명을 늘 가까이 볼 수 있는 업무 수첩, 책상 위에 부착하고 실천하면 된다. 하루를 열기 전이나 출근하여 차를 마시며, 십계명을 눈으로 읽으며 음미해 보자! 일종의 자기 최면을 지속하면 행동의 변화가 일어난다. 소소한 습관을 10년, 20년 지속하면 자신도 몰라볼 정도로 성장할 것이라 본다. 수많은 공무원 중에 고위직으로 승진하는 사람은 산전수전, 공중전까지 겪어 가며 내공을 쌓았다고 생각된다. 그만큼 치열하게 자기와의 싸움 끝에 이룬 성과라 볼 수 있다. 고위직 승진을 위해 고통을 감내하며 자기 관리를 할 것인지 아니면 그저 평범하게 살 것인지 공무원의 성장도, 행복도 자신의 의지에 달렸다. 그런 의미에서 공직자는 '자기 관리만큼 승진한다.'

승진에도 길이 보인다

'이갈망'은 도에 근무하는 6급 주무관이다. 근무 부서는 실·국 주무과는 아니지만 나름대로 업무에 최선을 다하고 있다. 이미 동기생은 5급(사무관)으로 승진한 친구도 있지만, 자신의 근무성적평정은 낮게 평가되어 승진 배수에도 들지 못한다. 이갈망은 나이도 많고 경력도 오래되었다는 논리로 상사께 건의해도 국에서 근무평정 순위 3번을 받았기 때문이다. 국에서 3번은 도의 실·국 사업소가 20여 개로 단순하게 계산해도 40~60번대 승진 후보자 순위를 받게 된다. 이러다 보니 10명의 승진이 예상되어도 승진 배수 35번에도 들지 못해 이갈망 주무관은 무기력증에 빠졌다.

'김모범'은 구청에 근무하는 6급 계장이다. 업무 추진력도 있고 직원들과의 관계도 원만하다는 평가를 받는 김 계장이다. 이런 계장이지만 과장 승진을 앞두고 고민이 많다. 국장이 근무성적평정을 하면서 자신보다 현 직급 승진 일자도 늦고 승진 후보자 순위도 들지 못하는 계장을 주무 계장이라는 이유로 1번을 주고 자신은 2번을 받았기 때문이다. 국에서 2번은 구청에서 승진 후보자 순위 10위권 밖으로 밀려나 과장 승진을 포기해야 한다. 정기인사의 과장(5급) 승진은 2명이 예상되고 배수 범위는 승진 후보자 명부 10번이기 때문이다.

어느 조직이든 열심히 일한 대가로 단연코 승진을 꼽을 수 있다. 공무원 조직도 마찬가지라고 본다. 기관의 규모와 성격에 따라 다소 차이는 있을 수 있지만, 직위가 부여되지 않는 일반 직원의 승진은 대체로 연공서열식으로 이루어진다. 중앙부처는 5급 사무관 승진, 광역시·도는 6급 승진, 시·군·구는 7급 승진까지는 특정 부서에 관계없이 승진 후보자 명부 순으로 승진을 하게 된다. 예를 들어 승진 예정 인원이 10명이면 승진 후보자 명부 10번까지는 무난하게 승진할 수 있다. 실·국장이 근무성적평정을 할 때도 현 직급이 빠른 순으로 평정을 부여한다. 일부 업무실적이 우수한 직원과 인사·기획·예산·실·국 주무과를 배려하기도 하지만, 대체로 그렇다는 의미다. 사정이 이렇다 보니 일부 직원은 야근이 많은 부서보다는 승진은 조금 늦어도 정시에 퇴근하는 부서를 선호하는 것으로 생각된다.

문제는 그다음부터라 할 수 있다. 중앙부처는 4급 이상 승진할 때, 광역 시·도는 5급 이상, 시·군·구는 6급 이상 승진부터 달라진다. 이갈망의 사례에서 보듯이 근무성적평정을 잘 받기 위해서는 실·국 주무 담당을 해야 한다. 그렇지 않으면 업무실적이 탁월하여 국장이 배려할 정도는 되어야 한다. 도의 5급(사무관)은 계장으로 관리자라고 할 수 있다. 구청에 근무하는 김 계장도 주무 계장이 아니다. 자신보다 늦은 후배가 주무 계장을 선점하는 바람에 근무성적평정에서 2번을 받게 된 것이다. 업무를 잘하고 못하고를 떠나 과장(5급) 승진을 희망한다면 먼저 국 주무 계장 자리를 꿰차고 과장을 바라보는 것이 순리다. 그렇다고 실망할 정도는 아니다. 업무능력이 탁월하여 승진 대상자로 자주 거론되다 보면 주무 계장이 아니라도 승진하는 사례도 많이 있다고 본다. 그런데도 승진에 조금이라도 다가가고 싶다면 방법은 근무성적평정이 잘 나오는 실·국 주무 계장으로의 이동이다. 과장 승진을 위해서는 때로는 업무만 잘해서도 안 된다. 민선 자치단체장의 눈에 들도록 자신을 적극 어필하는 정치력도 필요하다고 본다.

이제 승진이 보장되는 길이 보이는가? 차량이 다니는 고속도로는 뻥 뚫릴 때도 있고, 정체되는 구간도 있다. 승진으로 통하는 길도 마찬가지라 본다. 때로는 자리가 많아 쉽게 승진도 하지만 어느 구간은 협소하여 정체되기도 한다. 길을 찾아 나서지만, 정상만 보일 뿐 올라가는 길은 찾기도 어렵다. 그래도 어렴풋이 보이는 길은 인사, 예산, 실·국 주무 담당 등 핵심 부서라고 할 수 있다. 이런 길로 접어들기를 희망해도 쉽게 진입할 수 없다. 이유는 대략 3가지를 제시할 수 있다. 첫째, 기획·인사·예산·감사, 실·국 주무 담당은 그 기관을 컨트롤하는 핵심 기능을 담당하고 있다. 업무 능력이 검정되어야 하고 성실하다는 평을 들어야 가능하다. 둘째, 결원 자리도 쉽게 발생하지 않는다. 이런 부서는 업무 전문성을 이유로 한 번 발령을 받으면 승진해야 자리를 비켜 준다. 따라서 동기생이나 후배가 선점하고 있다면 특별한 이변이 없는 한 진입할 수 없는 것이 조직의 생리다. 셋째, 승진 예정자가 후임자를 추천하는 사례도 있다. 주요 부서는 누구나 선호하기 때문에 희망자는 넘쳐 난다. 따라서 평소 인간관계를 잘하거나 성실하다는 정평이 나야 추천을 받을 수 있다. 소위 말하는 '백'을 동원하더라도 본인의 능력이 검정되지 않으면 원하는 자리로 갈 수 없다. 주요 부서로 이동을 해도 기존 직원들의 사기를 고려한다는 명목으로 순환 배치를 통해 핵심 업무에서 벗어날 수 있다.

또 다른 길도 있다. 태풍, 폭우 등을 담당하는 재난관리과도 평소는 부각되지 않아도 막상 재해가 발생하면 주목을 받게 된다. 이런 부서에 근무하면 일과 가정을 양립하는 삶은 어느 정도 포기해야 한다. 승진을 목전에 둔 직원들은 끈기와 인내로 최선을 다해서 일하지만, 일반 직원들은 전보 제한(1년 내외)이 풀리면 언제든지 떠나려고 한다. 과장도 어느 정도 고생한 직원들을 상향 전보될 수 있도록 인사부서에 건의하는 등 직원 관리에 신경을 많이 쓴다. 이런 부서는 조금만 몸 바쳐 일해도 성실하다는 평가를 받는다. 자신의 선택에 따라 재난부서나 현업 부서에서 자신의 가치를 상향시킨 다음에 주요 부서로 진입하는 루트로 활용한다면 현명한 선택이 될 수 있다.

외국어 구사 능력이 있다면 외자 유치 등 국제 업무를 담당하는 부서로 전보하는 길도 있다. 아니면 감사, 회계, 민생사법경찰 등의 업무도 특화된 업무라고 생각된다. 이런 부서는 외국어 능력을 구비하였거나 본인의 업무 스타일을 고려하여 전보하는 것이 좋다. 적성이 안 맞으면 업무 능률도 떨어지고 성과를 내기도 어렵다. 감사부서는 인사 가점도 있고, 국제부서는 기관장의 해외 출장을 수행하며 자신의 진가를 어필할 소중한 기회도 주어지는 점에서 매력이 있다. 민생사법경찰도 피의자 심문 등 수사 전문성을 요한다는 점에서 사생활에 많은 도움이 된다. 다만, 직원들의 근무성적평정이 낮게 나온다는 점은 단점이다. 예를 들어 기술직의 경우 소수 인원이 근무하고 있어 기술직 주류가 근무하는 과에 비해 근무성적평정을 낮게 부여하고 있다고 본다. 이런 부서는 전문경력관(인사 가점 및 수당 지급) 직위를 확대하여 직원들의 전문성과 사기를 높이는 것이 바람직하다고 본다.

인사는 순환 인사를 거듭하고 있다고 생각된다. 첫 발령이 동 행정복지센터라고 실망할 필요도 없다. 승진할 때가 되면 어느 정도는 원하는 자리로 이동을 하게 된다. 그런 자리에 1~2년 근무하다 보면 승진하여 다시 일선으로 내려가기를 반복하는 것이 순환 인사다. 한두 번 승진을 반복하다 보면 10년이란 세월이 훌쩍 지나버린다. 이제는 미래가 보장되는 지름길을 꿈꾸지만, 그곳으로 진입하기도 쉽지는 않다. 하염없이 흐르는 물결처럼 이 부서 저 부서를 전전하다 동기들이 승진하고, 후배로부터 추월당하는 이런 조직 생활은 생각하기도 겁난다. 그렇다면 어떤 길을 가야 할까? 누구나 평탄한 길, 승진이 잘 되는 주요 부서를 희망하지만 구름처럼 몰려드는 인파로 이 길은 정체되어 있다. 이런 길을 희망한다면 본인의 가치를 높이는 수밖에 없다. 한마디로 탐이 나서 스카우트되는 직원으로 변신하는 수밖에 없다고 본다. 이처럼 자신의 몸값을

높이기 위해서는 첫째, 함께 근무하는 동료나 상사와 좋은 관계를 유지하는 것이 좋다. 지금은 상사와 동료지만 자리를 이동하였을 때는 자신을 평가하는 평가자가 된다. 함께 있을 때 성실히 일하는 모습을 보였다면 얼마든지 좋은 자리로 추천할 수도 있다. 때로는 인사나 포상 전에 "그 직원 같이 근무할 때 어때?" 하고 인사 담당자가 의견을 물어볼 수도 있다. 인사 담당자가 수많은 직원을 속속들이 파악한다는 것은 물리적으로 불가능하기 때문이다. 오랜 조직 생활을 하다 보면 상사나 동료와의 관계도 좋은 일만 있는 것은 아니다. 때에 따라서는 사사건건 시비를 거는 상사도 있다. 그렇다고 무조건 상사에게 허리를 굽히라는 것은 아니다. 직원은 직원답게, 상사는 상사답게 자신의 역할에 최선을 다하면 된다.

둘째, 자신의 보직 경로를 작성하여 체계적으로 관리해야 한다. 보직 경로는 자신이 가장 잘할 수 있는 주특기를 고려하여 정해야 한다. 외국어를 잘해 국제 부서에 근무하거나 수사·감사부서 아니면 회계부서, 총무·인사·기획 등 주요 부서로 특화하는 자신만의 주특기를 만들어야 한다. 관리자로, 아니 고위직 승진이 목표라면 자신의 보직 경로를 정하는 것이 좋다. 보직 경로를 정했다면 적어도 2~3년은 원하는 부서로 전보될 수 있도록 공덕을 쌓아야 한다. 지금의 자리는 3년 전 자신의 근무 형태에 대한 성적표이기 때문이다.

셋째, 지금이 마지막이라는 심정으로 업무에 최선을 다해야 한다. 기관에 따라서는 인사계장, 감사계장 등 주요 직위를 공개 모집하고 있다. 공모 직위의 선발 기준은 전문성과 성실성을 가장 많이 평가하고 있다. '전문성'은 자격증 등 객관적으로 내세울 것이 없는 경우는 공모 직위 부서의 근무 경력 여부를 보고 평가할 수도 있다. 물론 인사부서는 공모 직위에 적합한 업무 역량 유무를 판단한다고 하지만, 같은 조건에서 객관적으로 내세울 것이 없을 때는 부서 근무 경력을 볼 수도 있다. 공모 직위를 생각한다면 직원 시절부터 근무할 수 있도록 노력해야 한다. 그러기 위해서는 성실성을 보여 주어야 한다. '성실성'은 업무에 대한 열정이 있어야 한다. 업무에 대한 선호도를 따질 것이 아니라 현재 담당하는 업무에 몰입하면 언젠가는 빛을 보게 된다. 그저 묵묵히 주어진 업무에 최선을 다하며 뚜벅뚜벅 걸어갈 때 남들이 알아주는 것이 세상의 이치이기 때문이다.

일 잘하는 상사를 피하라

'이성복' 계장은 도에 근무하는 사무관이다. 계장 중에는 고참이라 차기 인사에서 승진이 예정되어 있다. 그런 계장이지만 직원들을 신뢰하고 권한을 위임하고 있다. 담당자가 밤새워 작성한 문서는 직접 과장께 보고하게 하고, 실장 보고가 필요한 결재는 담당자와 함께 결재를 받는다. 실장도 직원들의 고생하는 모습을 보고는 "덕산 주사, 고생 많아요!" 하고 격려를 해 준다. 인사 시즌에는 직원의 애로 사항을 실장께 건의하는 등 직원들의 인사에 늘 신경 쓴다. 보고가 끝나고 사무실에 와서는 직원들이 듣도록 "덕산, 고생했어!" 큰 소리로 한마디를 툭 던진다. 덕산도 덩달아 "아닙니다. 계장님이 고생 많으셨습니다!" 하고 답례를 한다. 직원들이 야근을 자주 하고 힘들어할 때는 특식을 사 주기도 한다. 직원들의 사기도, 이 계장의 평판도 덩달아 올라간다.

'유별난' 과장은 시청에서 일 잘하는 과장으로 통하고 있다. 과장 승진도 오래되어 차기 국장 승진이 유력시되고 있다. 이런 사정으로 직원들이 작성한 보고 서류를 일부 수정하고는 자신이 직접 국장실로 찾아가 결재를 받기도 한다. 어떤 때는 미리 국장실을 찾아가 개략적인 보고를 드리고는 직원에게 결재를 받으라고 지시하기도 한다. 국장실에 결재를 받으러 가는 직원은 잔뜩 상기되어 국장께 인사를 드리고 결재서류를 내밀면 "김 계장, 왔어? 유별난 과장한테 들었어!" 가볍게 한마디 하고는 사인을 한다. 김 계장은 맥이 '탁!' 풀린다. 기껏 열심히 보고서를 만들어 국장 결재를 받아도 칭찬 한마디 없이 싱겁게 끝났기 때문이다. 과장의 심정을 모르는 바는 아니지만, 도가 지나쳐도 한참 지나쳤다고 본다. 김 계장도 유별난 과장도 승진을 목전에 두고 있어 국장의 신임이 중요한데도 업무 성과를 과장이 독점하는 모습으로 비치기 때문이다. 이런 유별난 과장에 대한 직원들의 불만은 점점 쌓여만 간다.

공직 사회에 계장 직위(시·도 5급, 시·군·구 6급) 승진부터는 병목 현상이 벌어진다. 이런 자리에 승진을 앞두고 있다면 자신의 업무를 적극적으로 홍보해야 한다. 주요 업무를 알리는 방법은 대내외적으로 해야 한다. 주요 현안은 실·국장이 찾기 전에 선제적으로 보고해야 한다. 추진 상황, 이슈 등을 보고하는 과정에 당신의 존재를 각인시킬 수도 있다. 대외적으로는 보도 자료를 배포하여 시민의 궁금증을 해소해 나감으로써 시책 추진에 대한 이해와 협조를 구할 수 있다. 성과가 나타난 사업은 당연히 보도 자료를 배포하여 정책을 홍보하고, 아직은 영글지 못해 성과가 없는 사업도 중요한 프로젝트 단계마다 시민의 협조 사항을 정리하여 주기적으로 홍보해야 한다. 시민의 관심 사항이나 이슈 등을 신문에 기고할 수도 있고, 출입 기자를 통해 보도 자료를 제공하는 것도 하나의 방법이다. 그리고 프로젝트와 관련되는 유관 기관도 적극적으로 소통해야 한다. 사업의 중요성, 규모에 따라 차이는 있을 수 있지만, 중요 프로젝트일수록 학계, 연구원, 시민단체, 지방의회 의원, 지역 국회의원도 관심의 대상이라고 본다. 이런 분들과의 소통은 정기적인 회의나 정책 간담회도 될 수 있지만, 정식 의제로 상정하기 전에 의견을 청취하는 방법이 좋다. 다만, 주요 시정 이슈가 공식적으로 논의도 되기 전에 언론에 보도되면 오히려 역효과를 낼 수도 있다는 점을 주의할 필요가 있다.

고위직 승진을 위해서는 내부적인 근무성적평정도 중요하지만, 대외적으로 자신을 알리는 것이 중요하다고 본다. 자신이 담당하는 업무 성과나 주요 현안 사항을 기억할 수 있도록 상사에게 각인시켜야 하고 대외적으로 언론 보도, 신문 기고, 지방의회 등 유관 부서에 설명해야 한다. 자신의 업무를 적극적으로 알려야 고생했다는 소리를 듣게 되고 고위직으로 승진하는 데도 도움이 된다. 사례에서 제시한 유별난 과장이 취한 행동은 바람직하지 못하다고 본다. 오히려 이 계장의 행동이 아름다운 모습이다. 유별난 과장은 자신의 국장 승진을 위해 직원들의 사기 앙양은 안중에도 없어 보인다. 오로지 상사만 보일 뿐이다. 유별난 과장도 김 계장도 승진을 위해서는 자신의 공과를 어필해야 하는 입장인데도 과장이 독식하는 모습을 보이는 것이다. 이에 비해 이 계장은 철저하게 직원들의 사기 앙양을 위해 노력하고 있다. 자신도 승진해야 하고 덕산도 승진해야 하는 점을 잘 알고 실장께 직원을 충분히 어필해 주고 있다. 이처럼 공직자는 상사를 잘 만나야 한다. 당신이 성장하기 위해서는 상사의 헌신적인 지원 사격이 필요하다. 유별난 과장 아래서는 당신이 인정받기는커녕 업무성과도 가로채일 수 있다. 따라서 리더십이 부족한 일 잘하는 상사는 피하는 것이 상책이다.

승진이 안 되는 핑곗거리를 만들지 마라

'박연' 주무관은 시청에서 인사 업무를 담당하고 있다. 5급 사무관 이상 인사를 앞두고 배수 범위에 들어가는 직원을 대상으로 평판 조회 결과를 정리하고 있다. 평판 조회는 업무 역량, 직원들과의 소통, 공직관, 과거 징계 기록, 성실성 등을 파악하여 인재를 적재적소에 배치하기 위한 것으로 불가피한 측면도 있다. 평판 조회는 실·국장, 기술직렬 대표자, 노조 관계자 등의 의견을 청취하여 정리하고 있다. 이렇게 작성한 자료는 근무성적평정위원회와 인사위원회 심의자료로 활용하고 있다.

박 주무관의 평판 조회는 개인정보처리자(「개인정보 보호법」 제2조 제5호)로서 정당한 업무에 해당한다. 하지만 인사담당자와 답변자는 신중히 처신해야 한다. 자칫 의견 조회 내용이 누설되거나 정보에 오류가 있어도 안 된다. 답변자의 편향된 의견으로 인사 대상자에게 회복할 수 없는 불이익을 줄 수도 있기 때문이다. 공무원 개인의 평판은 「개인정보 보호법」에서 규정하는 개인정보에 해당한다(제2조 제1호). 고의로 허위 정보를 인사 관계관에게 제공하여 불이익을 줄 경우에 모욕죄나 명예훼손죄로 고발될 수도 있다. 따라서 불가피하게 평판을 조회할 때는 평판 조회 대상자의 동의서를 사전에 받아 진행하는 것이 바람직하다.

"제대를 앞둔 말년 병장은 떨어지는 낙엽도 조심하라"는 말이 있다. 이 말은 승진을 코앞에 둔 공무원도 해당한다. 지방공무원은 사무관 승진을 위해서는 지방자치 인재개발원의 '5급 사무관 승진 후보자 교육과정'을 이수해야 한다. 5급은 지방공무원의 꽃이라는 말도 있듯이 시·군·구는 읍면동 행정복지센터장이고, 본청의 과장이다. 그만큼 어려운 과장 직무대리를 달고, 마지막 관문인 6주간의 교육 중에 음주운전 사고로 승진이 좌절되는 사례를 보면서 실감 나는 말이라고 생각했다. 직원들의 인사 관심은 근무성적평정이 시작되면서부터 시동이 걸린다. 부서장은 어떻게 해서든 같이 근무하는 직원을 승진시키기 위해 실·국장에게 건의를 한다. 실·국장은 국내 전체 직원들의 서열을 고려하여 공정한 잣대로 근무성적평정을 주려고 한다. 나이가 많거나 승진이 현저하게 늦은 직원에 대해서는 전체 직원들의 순위를 정하는 '근무성적평정위원회'에

선처를 호소하는 등 관리자의 역할을 다하고 있다고 생각된다.

이런 시기는 인사와 관련된 뜬소문들이 날개를 달고 퍼진다. '누구누구는 회식만 하면 다음 날 영락없이 지각한다더라', '누구는 인허가 서류를 잘못 처리하여 징계를 받았다더라', 사건화하지도 않은 여직원 성희롱 전력 등 별의별 이야기가 난무하게 된다. 심지어 익명으로 감사실에 투서를 넣는 사례도 발생한다. 이것은 상위 직급으로 올라갈수록 기승을 부린다고나 할까? 누구나 고위직으로 승진을 원하지만 자리는 한정되어 있어 빚어지는 현상이라고 본다. 이와 같은 치열한 경쟁을 통과해야 승진을 할 수 있다면 승진 대상자들이 가져야 할 기본 덕목이 있지 않을까? 첫째, 업무 역량. 직원들과 소통 등 평판이 좋아야 한다. 동료 직원과 상사의 평판을 잘 받기 위해서는 최소한 3년 이상의 수공을 쌓아야 한다. 현재의 자리는 3년 전 자신의 성과라 볼 때 미래의 자리는 지금 자신이 어떻게 하는가에 달렸다고 본다. 직원이라면 성실하다는 평가를 받아야 원하는 자리로 이동할 수 있다. 성실하다는 평가를 받기 위해서는 업무에 열정적으로 몰입해야 한다.

둘째, 사회봉사·직장 동호회 등을 통해 자신의 이미지를 구축해야 한다. 덕산 사무관이 행정안전부에 근무할 때 정 실장은 봉사동아리를 조직하여 활동했다. 서울역 맞은편의 동자동 쪽방촌 독거노인들을 대상으로 월 2회 봉사활동을 나갔고, 행정안전부 축구동호회 등 직장 동호회를 통해 직원들과 소통을 적극적으로 하는 등 평판 관리에 남다른 측면이 있었다. 이런 점이 가미되었는지는 모르지만, 행정안전부 차관을 역임하고 퇴임했다.

셋째, 승진하고자 하는 직급에서 바라보고 행동해야 한다. 직원이라면 계장의 위치에서, 계장은 과장의 자리에서 자신을 되돌아보라는 것이다. 내가 저 위치라면 과연 지금의 행동이 옳은지 점검해 보고 개선하라는 의미도 있다. 그렇게 하다 보면 소원했던 상사와의 관계도 좋아지고 관리자로서의 리더십도 함양된다.

넷째, 자신의 승진을 위해 경쟁자를 비판해서는 안 된다. 다급하고 절실하다고 경쟁자를 폄하거나 허물을 들추어내는 것은 정정당당하지 못하다. 오히려 '인품이 이 정도밖에 안 되는가?' 하여 본인이 마이너스 될 수도 있다. 인사가 끝나고 나면 일장춘몽인데 다시는 안 볼 것처럼 상대방을 비방하는 것은 자신을 황폐화할 뿐이다. 자신과 조직의 발전을 위해서도 페어플레이를 해야 미래가 보장된다.

다섯째, 승진이 임박할수록 조용한 마음가짐이 좋다. 승진하였을 때 인사를 다닐 대상, 업무 인계인수, 승진에 누락된 동료를 배려하는 등 미리미리 마음의 준비를 해야 한다. 승진 인사가 가까워져 올수록 '누구누구는 승진한다더라', '누구는 이래서 안 된다' 등 복도 통신이 난무하는 경우가 비일비재하다고 본다. 이런 말에 현혹되어 부화뇌동(附和雷同)해서도 안 된다. 혹여 유력 인사를 통해 언질을 받았더라도 표정 관리를 해야 한다. 인사는 발령장을 받는 그 순간까지도 뒤바뀔 수 있다. 실제로 인사내정자로 이름을 올렸지만, 수포가 된 사례들이 있음을 잊어서는 안 된다.

관리직의 승진에서 누락되어 좌절하는 직원을 목격할 때가 많이 있다. 이런 직원들이 전보 인사로 국에 전입하면 영락없이 '이 직원은 업무 능력이 부족하다', '책임을 미룬다' 등 여러 말들이 회자된다. 왜 그럴까? 처음 공직에 들어왔을 때 실력이 동기들보다 부족했을까? 그렇지는 않다고 본다. 개미와 베짱이의 우화에서 보듯이 개미는 지금의 기쁨보다는 미래를 대비하며 하루하루를 열심히 살아가고 있다. 이에 비해 베짱이는 현재에 만족하며 노래 부르고 태평스럽게 놀고 있다. 열심히 일한 개미는 초고속으로 고위직까지 승진하는 데 비해, 베짱이는 관리직으로 승진할 때 상당한 애로를 겪을 것이라고 본다. 어쩌면 승진이 좌절되어 혹독한 대가를 치를 수도 있다. 그때 가서 후회해 본들 이미 때는 늦었다고 본다. 일과 삶의 균형이 강조되는 분위기에 휩쓸려 적당히 일하고 즐긴다면 베짱이와 다를 바가 없다고 본다. 자신의 미래를 생각할 때 10년, 20년 후의 미래를 지금의 연배에 해당하는 선배 공무원과 비교를 하면 금방 알 수 있다. 미래 나의 모습이 승진이 안 되어 낙담하는 선배의 모습으로 갈 것인지 아니면 과장, 국장의 성공하는 공무원이 될 것인지는 지금 자신의 행동에 달렸다고 생각한다.

왜 승진해야 하는지 논리를 개발하라

'나급해' 계장은 시청에 근무하는 6급이다. 다가오는 수시 인사에서 꼭 과장으로 승진해야 국장을 바라볼 수 있다. 과장(5급)에서 국장의 승진 소요 연수는 4년인데 퇴직까지 6년이 남았기에 마음이 급하다. 이번 인사에 과장 승진은 대략 10명 내외를 전망하고 있다. 지난번 인사에서 잘나가는 동기생은 이미 승진을 했다. 그렇다고 나 계장의 역량이 부족한 것도 아니다. 적극행정 우수공무원으로 선정되기도 하고, 국비도 20억 원을 확보하는 등 업무실적도 우수한 계장이다.

나 계장이 승진해야 하는 논리를 인사 자료로 작성해 보자. 먼저 자신을 소개하는 '이름', '생년', '공무원 총 재직 기간', '현 직급 승진일', '근무 부서' 등 간략한 인적 사항을 작성해야 한다. '주요 업무성과를 3~4건 작성'하고 마지막으로 '상훈 실적을 작성'하면 된다. 주요 업무성과를 작성할 때는 건당 2~3줄 정도로 서술 개조식으로 작성하되, 인사권자가 관심을 가질 만한 공약 사업, 역점 사업, 대규모 국제 행사, 국비 확보 등 자신이 성과를 냈거나 추진 중인 주요 사업도 작성할 수 있다. 상훈 실적은 포장, 대통령 표창 수상 실적을 작성하고, 공무원 제안, 적극행정 사례, 민원봉사대상, NGO 등 민간단체가 수여한 감사패 등 자신을 돋보이게 하는 상훈을 작성하는 것이 좋다. 이런 내용을 A4 한 장으로 작성하여 인사관계관에게 제시하여 자신의 승진을 설명하는 것이 더욱 설득력이 있을 것이라 본다.

지구가 태양계 주위를 공전(365.25일)하듯이 공무원도 전보인사를 통해 상향 보직으로 이동하고 어느 정점에서는 승진하게 된다. 예를 들어 9급에서 출발하여 5급 사무관까지 승진한다고 가정하면 4회 주기로 공전하게 된다. 이런 주기를 얼마나 빠르게 또는 느리게 공전하는가의 차이는 자신의 역량에 달려 있다. 역량은 업무추진력, 공직관, 대인관계, 인품, 자기 관리 등을 함축하는 것으로, 의미가 다양하다. 부서장 등 관리자로 승진을 원한다면 업무 역량은 기본이고 직원과의 소통, 자기 관리 등 관리자로서의 리더십도 중요하다. 따라서 자신이 승진해야 할 논리를 개발할 때는 먼저 소속 기관의 승진 규모를 파악하고 경쟁자들을 분석하여 자신을 가장 돋보이게 할 수 있는 논리를 개발해야 한다. 이런 논리는 인사 관계관도 공감할 수 있는 내용이어야 한다. 예를 들어 ① 국별 안배를 들 수 있다. 국별 안배는 특정 실·국에 편중되지 않고 균형 인사를 유도하는 측면도 있다. 나 계장의 사례와 같이 승진 인원이 10명 이하로 소수일 경우에 힘없는 국에 재직하는 승진 대상자들이 주장하는 논리다. 자신의 입장에서 유불리를 판단하여 국별 안배를 주장할 수 있다. ② 여성 공무원, 소수 직렬, 다자녀 공무원 배려도 주장할 수 있다. 여성 간부 공무원의 비중이나 소수 직렬 배려 등은 종종 인사 시즌이면 단골로 거론되고 있다. 다자녀 공무원의 배려는 출산 장려를 유도하는 측면에서 전체 공직자의 공감을 얻을 수 있다. ③ 승진 후보자 명부순도 하나의 방법이 된다. 특정 실·국에 고참이 몰려 있는 경우에 주장하는 논리로 실·국 안배와 대비되는 논리다. ④ 대규모 재난 업무 유공자에 대한 배려도 될 수 있다. 코로나19 등 대규모 사회재난 극복에 고생이 많은 공무원에 대한 배려로 누구나 공감할 수 있는 논리다. ⑤ 특별 승진을 주장할 수도 있다. 공무원 제안 중앙 우수 제안으로 동상 이상 수상자, 청백봉사대상, 민원봉사대상 수상자들이 주장하는 논리다. ⑥ 시정 기여도를 주장할 수 있다. 공약 사항, 역점 시책, 중앙부처 평가 우수 등 업무 추진실적 우수자라면 설득력 있는 논리라 본다. ⑦ 현 직급 경력, 퇴직이 임박한 주무관 배려 등도 주장할 수 있다. ⑧ 기타 적극행정 공무원, 장애 공무원 배려 등 다양한 논리를 주장할 수 있다. 이와 대비되는 비토 논리를 제기할 수도 있다. 승진 연도를 기준으로 제한하거나 육아휴직 복귀 후 1년 미만자 제외 등 승진 경쟁이 치열할 때 제기되는 논리다.

이 글을 읽고 있는 당신이라면 왜 승진해야 하는지 그 논리를 제시할 수 있는가? 시정 과제를 성공리에 추진한 공로를 제시할 수도 있다. 아니면 코로나19 대응 실적을 제시할 수도 있다. 자신이 승진해야 하는 논리를 개발하였다면, 승진을 위해서 발로 뛰어야 한다. 본인의 인사 문제를 건의하는 것은 '청탁금지법'에 저촉되지 않는다고 본다. 그렇다고 외부에 연줄을 대는 일은 바람직하지 않을 뿐만 아니라 청탁금지법에 저촉된다(「부정 청탁 및 금품 등 수수의 금지에 관한 법률」 제5조 제1항 제3호). '채용·승진·전보 등 공직자 등의 인사에 관하여 법령을 위반하여 개입하거나 영향을 미치도록 하는 행위'는 금지하고 있기 때문이다. 여기서 인사개입 관련 '승진' 규정의 내용은 승진임용 예정 인원, 승진 자격, 근무평정, 특별 승진 심사 절차 등도 포함된다. 인사는 어디까지나 자신의 업무를 어떻게 추진하였는지 그동안의 공과에 대한 평가 결과 정당한 보상이라고 할 수 있다. 이런 측면에서 내부 계통을 통해 자신의 인사 문제를 건의하는 것이 바람직하다고 본다. 다시 말해서 외부에 부탁하는 것은 청탁금지법에 저촉될 뿐만 아니라 전달과정에 당신의 입장이 왜곡될 수도 있고 때에 따라서는 인사권자를 불편하게 할 수도 있다.

내부에 호소하는 것이 바람직하다고 본다면 어떤 방법이 좋을까? 직속 상사도 될 수 있고, 부서장, 실·국장이나 인사 관계관도 될 수 있다. 아니면 그 윗선도 될 수 있다. 이런 방법이 호도되어 지연, 학연이 최고라는 말이 나돌 정도다. 가장 좋은 방법은 직속 상사라고 본다. 상사는 오직 당신을 위한 든든한 지원군이 될 수 있다. 당신만을 위해 인사부서에 추천하고, 승진 인사가 이루어질 때까지 관심을 두고 대응해 준다. 이에 비해서 실·국장은 챙겨야 할 직원도 많고, 신경 써야 할 업무도 복잡하다. 따라서 직속 상사의 마음을 얻는 것이 승진의 지름길이라고 본다. 나무가 잘 자라기 위해서는 정성을 쏟아야 한다. 때로는 거름도 주고 물도 주어야 한다. 주위의 수풀도 제거해 주어야 잘 자란다. 이 같은 노력을 치열하게 3~4년은 지속하여야 원하는 꽃도 피울 수 있고 열매도 딸 수 있다. 승진도 본인의 노력에 달렸다. 본인이 어떻게 하는가에 따라 5단계, 6단계 승진을 할 수 있다.

'전보인사'는 대부분 상향식 순환 보직이라 할 수 있다. 동 행정복지센터, 사업소 등에서 본청으로, 본청의 전보인사도 사업부서나

재난부서로, 또다시 주요 부서로 점진적 상향식 전보가 이루어진다. 전보인사의 기준으로는 실·국장 추천, 전보 희망자 신청, 개인별 업무 능력 등이 있고, 이를 고려하여 적재적소에 인재를 배치하고 있다고 본다. 이 같은 전보인사의 흐름을 이해한 다음에 자신의 보직 관리를 해야 한다. 유의할 점은 전보 제한 경과 여부를 염두에 두어야 한다. 전보 제한은 한 부서에 발령을 받으면 일정한 기간 전보를 제한하는 제도로서 업무의 전문성과 조직의 안정을 고려하여 마련된 제도라 본다. 민원 담당 부서, 재난부서, 민방위 부서 등 업무 성격에 따라 1~2년 등 다양하게 전보를 제한하고 있다. 사정에 따라서는 전보 제한을 준수하지 않는 예도 있으나 전보 신청을 받을 때는 엄격하게 제한하기도 한다. 희망 부서를 선택할 때는 승진에 유리한 부서를 선택해야 한다. 자신의 적성을 고려하여 가점이나 근무성적평정을 잘 받을 수 있는 부서를 선택하면 된다. 행정 기관에 따라 조금씩 차이는 있겠지만 주요 업무에 대한 중앙부처 평가 결과 수상실적, 국비 확보 실적, 적극행정 우수자, 공무원 제안 수상자에게 주어지는 인사 가점이 있다. 재난부서, 감사부서 등 특정부서 근무자에게 주어지는 인사 가점도 있다. 기관에 따라서는 국비 확보, 책 출판 등 다양한 가점 제도를 운용하고 있다. 이런 가점은 승진 인사에 있어서 상당한 영향을 미친다. 인사라는 것이 본인의 희망대로 되는 것은 아니지만, 전보 인사는 순환 근무를 지속하다가 승진에 가까워질수록 원하는 부서로 이동할 수 있다. 원하는 자리로 이동을 바란다면 자신의 평판 관리가 중요하다고 본다. 자신의 평판을 위해서는 업무도 잘해야 하고 인간관계도 잘해야 한다, 원만한 관계 유지를 위해서는 저축을 해야 한다. 저축은 하지 않고 인출만 한다면 금세 은행 잔고가 바닥을 드러내듯이 인간관계도 소원해질 것이라고 본다.

인사는 그 조직의 단위가 작을수록, 상위직으로 갈수록 치열하다. 자리는 한정되어 있고 승진할 사람은 많기 때문이다. 일반 직원의 승진에 비해 고위직의 승진은 정치라 할 수 있다. 치열한 눈치다툼과 보이지 않는 경쟁을 통과해야 승진할 수 있다. 승진을 쟁취하기 위해 할 수 있는 합법적인 수단을 총동원해도 될까 말까다. 그저 '내가 열심히 일하고 있으니까 알아서 승진시켜 주겠지?' 하는 것은 일반 직원의 승진에서 통하는 이야기라고 보면 된다. 따라서 치열한 경쟁을 통과하기 위해 자신에게 유리한 승진 논리를 개발하여 대응해야 한다. 승진 논리를 주장할 때도 개개인이 주장하는 것보다는 자신과 처한 상황이 비슷한 동료와 함께 움직여야 유리한다. 그렇게 해야 여론이 형성되고 인사부서에서 구체적으로 검토를 하게 된다. 혹자는 나와 처지가 비슷한 사람과 협업을 하는 것이 오히려 독이 될 수 있다고 할 수 있다. 맞는 말이다. 어디까지나 인사 규모를 고려하여 협업할 것인지 아니면 독자적으로 움직일 것인지 결정해야 한다. 중요한 것은 여론이 형성되어야 인사권자를 움직일 수 있다는 것이다.

길게 보면 인사도 냉·온탕을 반복한다

인사는 한 번 울고, 두 번 울고, 세 번 울어야 젖을 준다는 말이 있다. 이 말은 적어도 세 번을 도전해야 웃을 수 있는 것이 인사라는 뜻으로 생각된다. 왜 그럴까? 이유는 간단하다. 가령 승진 자리가 10명이라고 가정하면 승진 배수는 35명이나 된다. 당연히 승진 배수에 든 직원은 자신의 승진을 위해 노력할 것이다. 여기서 한 번 울고, 6개월 후 다시 도전할 때는 2배수(20명) 범위에는 들었지만, 또 쓴잔을 마시게 된다. 대부분의 기관에서 승진 대상자를 결정할 때 승진 후보자 명부 10번 안에서 80% 정도를 선발하고 나머지 20%는 11~20번 중에 업무 추진 실적이 우수한 자를 발탁·승진시키기 때문이다. 결국 세 번째 도전한 끝에 승진이라는 꿀맛을 볼 수 있다. 기관에 따라서는 소수의 기술직 5급(사무관) 승진 인사를 하면서 배수 안에 들었다고 승진 후보자 명부의 끝자락에 있는 사람을 승진시키는 사례도 있다. 인사권자의 재량이라고 4~5년 빠른 선배를 뛰어넘는 무리한 인사를 한 것이었다. 이런 인사는 구성원들의 사기를 떨어뜨리고 임용권자의 부담으로 이어진다. 따라서 특정인을 위해 무리한 인사를 해서도 안 되고 인사 대상자도 자신의 영달만을 위해 무조건 도전하는 것은 바람직하지 못하다고 본다. 이로 인해 사직하는 직원도 있고, 승진을 포기하는 동료도 있기 때문이다. 최소한 승진 인원의 2배수 안에 진입할 때 도전하는 것이 동료와 인사권자를 배려하는 마음이라 생각된다.

인사는 본인의 희망대로 되지 않는다. 승진도 세 번을 도전한 끝에 이루어지듯이 전보도 2~3번을 반복한 끝에 승진할 수 있는 곳으로 전보된다. 이런 점에서 인사는 '냉탕과 온탕을 반복한다.'라고 할 수 있다. 본인이 원하는 자리로 이동되면 '온탕'이고, 좌절되어 쓰디쓴 잔을 마시면 '냉탕'이라고 본다. 온탕의 추억보다 냉탕의 기억이 오래가는 것은 차갑고 힘든 고통을 감내하기 때문이다. 원하는 자리로, 승진이 안 되었다고 크게 낙담할 필요도 없다. 아직 때가 이르지 않았다고 스스로 위안으로 삼으면 된다. 자신이 받은 내상을 하루속히 치유하지 못하고 길게 가지고 가면 갈수록 상처는 깊어지고 사랑하는 가족까지 전염이 된다. 오뚝이처럼 툴툴 털고 일어서는 지혜가 필요하다.

한바탕 전쟁이 끝나고 나면 패잔병도, 승자도 언제 그랬냐는 듯이 조용한 일상으로 돌아가는 곳이 관청(官廳)이다. 적어도 외형상 그렇다는 이야기다. 인사에서 누락된 직원은 다음을 기약하고, 승진하였거나 원하는 자리로 이동한 직원은 기쁨을 감추며 열심히 일하는 곳이 관청의 속성이라면 속성이다.

지방 인사도 봄날은 가고 있다. 베이비부머 세대('55~'63년)의 퇴직도 '22년이면 끝나기 때문이다. 아니, 기관에 따라서는 이미 세대교체가 끝난 곳도 있다. 앞으로는 지금보다 훨씬 더 승진 요인도 줄고 인사는 정체된다고 보면 된다. 이 책을 읽고 있는 독자라면 대비를 어떻게 하고 있는지 궁금하다. 어디까지 승진할지 목표를 정하고, 연도별 보직 관리 계획을 세워 보는 것은 어떤가? 장기적인 플랜을 마련했다면, 체계적으로 실행에 옮겨야 한다. 아무리 좋은 계획도 실행이 되지 않으면 수포가 되기 때문이다. 때로는 발버둥을 쳐도 원하는 바를 얻을 수 없더라도 장기적 계획에 따라 치밀하게 한 걸음 한걸음 발을 디딘다면 승리의 신은 당신에게 미소를 보낼 것이다.

매너리즘mannerism에서 탈출하라

"출근을 해도 재미가 없어요", "직원도 마음에 안 들고 가끔 저를 패스하고 직원과 상대하는 과장의 업무 스타일도 못마땅하고 사무실에 앉아 있는 하루하루가 지겹기만 해요", "전보인사를 원하지만 마땅한 부서를 찾기도 어려워요."라고 푸념한다. 이미 동기들이 선점하고 있거나 선배들이 있어 근무성적평정도 잘 나오지 않을 것으로 추측한다. 혹여 같은 사무실, 직원, 업무 때문에 살맛이 나지 않는 것일까, 권태기라서? 당신이 이런 상태면 반전이 필요하다. 당신을 위해서도 조직을 위해서도 다시 활력을 되찾기 위해서는 일에 몰입하는 것이 필요하다고 본다. 그러기 위해서는 동기부여가 필요하다고 본다. 적극행정, 공무원 제안, 민원봉사대상, 청백봉사상, 지방행정 달인에 도전해 보는 방법이 있다.

⊙ 적극 행정에 도전하라

먼저, 적극행정 우수의 길은 주어진 업무에 몰입하면 우연히 찾아올 수도 있다. 누구도 가지 않은 길이기에 법령에 하라는, 하지 말라는 규정도 없을 수 있다. 코로나19 등 한 번도 경험하지 못한 사회재난을 극복하는 과정에 발생할 수도 있다. 이런 특성으로 평범한 공직자는 소극적인 자세로 흐를 수도 있다. 이런 길을 가고자 한다면 적극적인 마인드가 필요하다. 업무에 몰입하는 열정적인 직원이 이 길의 종점까지 도달할 수 있다. 적극행정사례는 행정안전부 주관으로 상·하반기 '적극행정 우수사례 경진대회'를 개최('19~'20)하고 있다. 경진대회는 '성과 우수사례'와 '모범 실패사례'로 나누어 선정하는데 성과 우수사례는 규제·관행 혁신, 협업, 갈등조정, 선제적·창의적 대응 등 국민의 입장에서 적극적으로 업무를 추진하여 성과를 달성한 사례를 선정한다. 모범 실패사례는 적극적으로 업무를 추진했으나, 당초 기대했던 성과를 달성하지 못한 중앙부처, 지방자치단체, 지방공사·공단을 대상으로 선발하고 있다. 이와는 별도로 행정 기관별로 자체 경진대회도 개최하고 있다. 우수사례로 선정되면 인사 가점이나 호봉 승급도 가능하다. 울산시 등은 우수사례 선정자에 대해 호봉 승급과 인사 가점을 부여한('19년도) 실적도 있음을 고려할 때 매너리즘mannerism에 빠졌다면 반전의 기회로 도전해 보기 바란다.

⊙ 공무원 제안에 도전하라

정상적인 코스보다 빠르게 갈 수 있는 지름길도 있다. 이 길은 도전자는 많지만, 숲이 깊어 길을 헤매다 지쳐서 포기를 많이 한다. 이 길은 자신의 업무나 다른 공무원의 업무에 대해 아이디어 제안을 내어 채택되는 길이다. 나름대로 창의력이 있다고 자부하는 공무원은 도전해 볼 가치가 있다고 본다. 이 길을 가고자 하는 공무원은 늘 문제의식을 느끼고 주변을 살피는 습관이 필요하다. 주어진 업무에 대해서도, 아니면 일상생활 속에서 부딪히는 불편에 대해서도 그냥 지나칠 것이 아니라 '왜 그럴까?', '이 방법밖에 없을까?' 사색하며 개선 과제를 찾아야 한다. 끊임없이 고민하다 보면 또 아는가? 진주를 찾게 될지도 모른다. 공무원 제안으로 채택이 되면, 창안 등급에 따라 호봉 승급이나 특별 승진의 인센티브가 주어지는 매력이 있다. 이런 지름길에 한 번 도전해 볼 용기는 없는가? 본문 86쪽을 참고하기 바란다.

⊙ 민원봉사대상의 길

전국의 수많은 민원 업무 담당자라면 도전해 볼 과제도 있다. 바로 '민원봉사대상' 공무원으로 선정되는 길이다. 흔히들 피할 수 없으면 즐기라고 했다. 이 길은 어쩌면 "당연한 일을 했을 뿐인데 너무나 큰 상을 받게 되었다"는 수상자들의 소감으로 자주 등장하는 멘트와 같이 자신의 업무를 즐기면 된다. 그것도 민원인을 상대할 때 내 부모님을 대하듯 친절하고, 주변의 어려운 고통을 함께 나누는 봉사 정신이 있으면 된다. 민원인에게 친절하고 남다른 봉사를 10년 이상 꾸준히 장기적으로 저축을 하다 보면, 세상에 빛을 발하게 된다. 민원봉사대상은 행정안전부 주관으로 지방공무원(10명), 농협 직원(2명) 등 12명 내외를 매년 선발하여 포상하고 있다. 수상자는 상패와 상금(대상 800만 원, 본상 및 특별상 각 300만 원)을 주고 부부 동반으로 국내외 연수 기회도 부여한다.

⊙ 청백봉사대상의 길

헌혈이나 지역 사회 봉사를 꾸준히 실천해 오고 있다면 '청백봉사대상'의 길도 있다. 이 길은 남이 알아주지 않아도 자신만의 소신이 중요하다. 그만큼 자기를 희생하는 정신이 필요하다. 이 길을 가고자 할 때는 장기전이 필요하다. 적어도 10년 이상의 공적을 쌓아야 명함을 내밀 수 있다. 그렇다고 대놓고 이런 선행을 한다고 자랑해서도 안 된다. 순수성을 잃어버린 봉사는 퇴색되고 위선자가 될 수 있기 때문이다. 수상자로 추천되면 수상 후보자 심사에 앞서 현지 확인을 나간다. 먼저, 세금 체납 여부, 주변 사람의 평판을 청취하고, 자택 등 청빈 여부를 확인한 다음, 개인 면담을 통해 현지 확인 내용에 대한 사실 여부를 확인하는 순으로 이루어진다. 청백봉사상은 '77년부터 매년 5급 이하 지방공무원을 대상으로 17명 내외를 선정해 오고 있다. 수상자는 소정의 상패와 상금(대상 500만 원 이하, 본상 200만 원 이하)이 수여되고 수상자 부부에게 국내외 연수 기회도 주어진다.

⊙ 행정의 달인에 도전하라

자신이 맡은 업무에 최고라는 자부심이 있다면 '행정의 달인'에 도전하는 길도 있다. 이 길은 적어도 공직 생활 20년 이상 근속해야 가능하다. 이 길을 가고자 한다면 자신의 업무를 창의적으로 개선한 실적을 차곡차곡 쌓아야 도달할 수 있다. 수상자 선정 기준도 "탁월한 아이디어와 높은 업무 숙련도를 바탕으로 국가와 지역사회발전에 기여한 최고 전문가"를 선정한다고 밝히고 있다. 행정의 달인은 행정안전부 주관으로 매년 10개 분야 10명 내외를 선정하고 있다. 선정 분야는 일반 행정/사회복지/문화관광/지역경제/지역개발/주민안전/보건위생/환경산림/주민자치/적극행정 등이다. 수상자는 정부 포상(대통령 1, 국무총리 1, 장관 8)을 수여하고, 특별승진, 특별 승급 등 인사 우대를 행정안전부 장관이 수상자 소속 기관장에게 권고(「지방공무원법」 제39조의3, 「지방공무원 임용령」 제38조의 4 등)하고 있다.

지금까지 적극행정, 공무원 제안, 민원봉사대상, 청백봉사상, 지방행정 달인에 도전해 보라고 했다. 이런 제도를 통해 선정된 우수 공무원은 특별 승진할 수 있는 규정도 있다. 청렴하고 투철한 봉사정신으로 직무에 모든 힘을 다하여 공무집행의 공정성을 유지하고 깨끗한 공직 사회를 구현하는 데에 다른 공무원의 본보기가 되는 사람(「지방공무원법」 제39조의3 제1항 제1호), 직무수행능력이 탁월하여 행정발전에 큰 공헌을 한 사람(″제2호), 제안을 채택하고 시행함으로써 국가 또는 지방자치단체에 예산을 절감하는 등 행정 운영 발전에 뚜렷한 실적이 있는 사람(″제3호 제78조)에 대해 특별 승진의 제도적 장치를 규정하고 있다. 국가공무원도 지방공무원과 동일하다. 남들보다 앞서가기를 원한다면 지금까지 제시한 것 중에서 자신이 잘할 수 있는 것을 선택하여 추진하기 바란다. 누구나 처음은 어렵다고, 나와는 상관없는 일이라고도 할 수 있다. 중요한 것은 꿈을 갖고 도전할 때 그 꿈은 이루어진다. 다소 멀고 험한 길이라도 큰 용기를 발휘하길 바란다.

스트레스 확!
날려라

산책을 즐기며, 사색하라

우리는 정보의 바다에 살고 있다. 원하는 정보는 핸드폰으로 손쉽게 검색하여 찾을 수도 있고, 방송이나 신문, 서적을 통해 무수히 많은 정보가 무제한으로 쏟아지고 있기 때문이다. 이러한 정보를 사색하지 않고 맹목적으로 받아들인다면 정보 제공자의 노예가 될 수 있다. 다시 말해 사색 없이 받아들인다면 특정 이익 집단이 의도하는 대로 사고의 틀이 고정될 수 있다. 따라서 언론의 뉴스를 보더라도 맹목적으로 받아들여서는 안 된다. 그 뉴스 속으로 들어가 함축하는 의미를 따져 봐야 한다. 사색은 사전적 의미로 '어떤 것에 대하여 깊이 생각하고 이치를 따지는 것'이다. 철학자 쇼펜하우어는 『문장론』에서 "최고의 정신이 보여주는 특징은 판단을 결코 타인에게 의지하지 않고, 직접 자신의 힘으로 결정한다는 데 있다. 이 같은 정신의 소유자가 제시하는 의견은 스스로 사색한 데 따른 결과이다."라고 말했다.

급하게 보고서를 만들어 허겁지겁 상사께 올렸을 때 "이것도 보고서라고 만든 거야? 논점이 뭐야? 도대체 생각하고 만든 거야?"라는 말을 당신이 직원이라면 한두 번 들어 본 경험이 있을 것이라고 본다. 당신이 관리자라면 직원들이 보고한 문서가 마음에 들지 않아 직원을 혼낸 일도 있을 것이다. 왜 이런 소리를 들어야 하는가? 그것은 급한 마음에 깊이 고민하지도 않고 대충 작성하였거나 업무 파악이 제대로 안 된 상태에서 작성했을 수도 있다. 근본적인 이유는 사색이 부족하기 때문이다. 혹자는 "콩 튀듯 팥 튀듯이 하루하루가 정신없이 돌아가는데 한가하게 사색이냐?"라고 할 수 있다. 맞는 말이라고 생각된다. 코로나19 등 비상 근무로 지쳐 가는 일선 기관에서 주어진 업무를 제때 처리하기도 버거운 것이 현실이라 본다. 하지만, 비교적 단순하다고 할 수 있는 주민등록 전·출입 업무를 담당하더라도 세대주를 분리할지, 동거인으로 올리지를 결정해야 한다. 아파트 당첨을 노려 주민등록 분리를 주장하는 민원을 해결하기 위해 업무 지침을 들여다보아도 명확한 지침이 없을 수도 있기 때문이다. 따라서 아무리 바쁘다고 하더라도 자신이 담당하는 업무는 깊이 사색해야 한다. 그래야 민원인의 이의제기나 감사로부터 자신을 보호하는 안전장치를 마련할 수 있다.

그렇다면 사색을 위해 별도의 시간을 내야 하는가? 그렇지는 않다고 본다. 개인의 업무 여건이나 취향에 따라 다르겠지만, 30분 일찍 출근하여 혼자 커피를 음미하면서 오늘 할 일을 정리하는 것도 사색의 첫걸음이다. 도보로, 대중교통을 이용한다면 출근길에 차창을 응시하며 생각에 잠기는 것도 사색하는 하나의 좋은 방법이다. 점심시간이나 퇴근 후에 주변 호수나 공원을 산책하며 복잡한 머리를 식히며 사색에 빠져 보는 것도 좋다. 특히, 주말을 이용하여 조용한 찻집에서 커피를 마시거나 때로는 강변을 산책하면서 한 주 동안 있었던 일이나 다음 주에 처리해야 할 업무를 깊이 사색해 보는 것도 좋다. 업무를 떠나 자신의 삶을 진지하게 고민하는 시간을 갖는 것도 좋다. 복잡하게 엉킨 실타래도 깊이 고민하고 생각을 거듭하다 보면 어느새 해결점을 찾게 되는 것이 사색의 장점이다. 업무도 마찬가지다. 갑자기 지시를 받았거나 큰 줄기만 정해져 있고 구체적인 추진 방안이 보이지 않는 사안도 산책하며 생각에 생각을 거듭하면 의외로 좋은 아이디어가 떠오른다. 반짝이는 아이디어는 메모지에 작성하거나 핸드폰의 메모장에 기록해 두었다가 다음 날 출근하여 정리한다면 아주 유용하게 도움이 된다. 메모하지 않은 아이디어는 돌아서면 잊어버릴 수도 있기 때문이다.

공직자의 일상은 직·간접으로 주민에게 영향을 미친다. 직위의 높고 낮음의 차이는 있을지라도 업무를 추진하는 일상이 공익을 실현하는 과정이기 때문이다. 이런 공직자의 업무는 절대 가볍지 않다. 복잡하고 다양한 행정 현장에서 법령과 업무 규정을 살펴도 판단하기 곤란한 사안도 있다. 재량 행위라고 자의적으로 판단해서도 안 된다. 어디까지나 법이 허용하는 범위에서 공익의 실현에 부합해야 한다. 그렇다고 지나치게 공익을 강조하다 보면 사익이 침해될 수도 있다. 따라서 재량 행위에 대해서 어떻게 판단할 것인지 공직자의 마인드가 중요하다. 공직자의 사고가 잘못되어 오류를 범했을 때는 그 피해는 고스란히 시민에게 돌아가기 때문이다. 공직자라면 자신이 정당한 방향으로 정책을 수립하고 있는지, 집행하는 업무는 공정한 잣대인지 늘 물음표를 던지며 자신을 되돌아보는 깊은 사색의 시간을 가져야 한다.

나만의 멘토mentor 책 읽기

'이소심'은 시청에 근무하는 6급 주무관이다. 전통시장 활성화를 위한 연구용역 중간보고회를 마치고 연구진과 저녁 식사를 함께했다. 연구진과의 대화는 5분도 채 안 되어 단절되었다. 대화의 시작은 국내외 전통시장의 사례로부터 시작되었으나, 대학교수와 연구원이다 보니 자연스레 전문 분야로 대화가 흘러갔기 때문이다. 연구진과 대화를 통해 식견을 넓히고자 내심 기대한 자리였지만, 대화에 끼어들 틈새도 없었다. 대화 소재도 빈약하였고 무엇보다 자신의 실력이 턱없이 모자란다는 것을 절감하는 자리였다.

이 책을 읽고 있는 독자라면 한두 번 정도는 경험해 보았으리라 생각된다. 전문 분야의 교수, 연구원 등 지식층과 공무원의 지적 수준 차이는 엄연히 존재한다는 정도로 자위해 볼 수도 있다. 그러나 학창 시절로 돌아가 보자. 지금은 대학교수와 연구원, 공무원으로 각자 삶을 살아가고 있으나 학창 시절에는 앞서거니 뒤서거니 하며 대화에 막힘이 없었을 것이다. 그러나 각기 분야가 다른 세계에서 10년, 20년 세월이 흐르는 동안 연구원은 계속해서 전문 분야를 연구하며 지식을 축적한 데 비해 공직자는 거의 단절되었다. 현업에 급급하며 지식 축적을 소홀히 한 결과라 본다. 그러다 보니 이소심 주무관과 같이 교수나 연구원으로 진출한 동기생을 만나도 자신은 대화에 합류하지 못하고 그저 묵묵히 청취자로 전락하는 신세가 되는 것이다.

또 다른 예도 있다. 해외여행 중에 현지 가이드의 안내에 따라 교민이 운영하는 식당을 방문하게 된다. 때로는 현지 교민과 직접 대화를 나누기도 한다. 교민들과 대화를 하다 보면 그 교민이 언제 한국을 떠났는지 금방 알 수 있다. 미국 로스앤젤레스('17년)에서 대화를 나눈 교민이 70년대 서울의 모습을 떠올리며 이야기하는 것을 들을 수 있었다. 이에 비해 한국인이 자주 방문하는 교민 식당을 운영하는 사장이나 가이드는 최근의 서울 거리에 대해 소상하게 이야기할 정도로 한국 사정에 밝은 것으로 기억된다. 이런 차이는 누구나 쉽게 발견할 수 있을 것이다. 현지 가이드와 사장은 끊임없이 한국에서 일어나는 시사를 수집하고 여행객을 통해서 정보를 업그레이드한 데 비해 현지 교민은 이민을 떠난 70년대의 사고에 정체되어 있기 때문이다. 이처럼 우리 공직자도 새로운 정보와 지식을 업그레이드하지 않으면 시대에 뒤떨어져 전문가와의 대화에서 이방인으로 소외될 것이라 본다.

공직자들의 업무 역량을 함양하기 위해 연간 이수해야 할 상시학습제도가 있다. 이를 통해 전문 분야의 지식을 습득할 수도 있다. 외국어를 구사하기 위해 어학원에 등록하는 등 다양한 자기 계발을 하는 방안도 있다. 5급 이하 공무원이 이수하는 상시학습제도는 의무라는 측면에서 시간만 채우려는 경향이 있다. 이에 비해 외국어 교육 등은 스스로 선택한다는 면에서 학습 효율이 높다고 할 수 있으나, 일정 시점이 지나면 시들해 버리기에 십상이다. 이유는 다분히 좋아서라기보다 스펙을 쌓기 위한 하나의 방편으로 시작하는 경향도 있고, 현업 과정에 시간을 할애하여 공부하는 것이 어렵기 때문이다.

책을 통해서 부족한 지식을 얻을 수 있는 등 이점은 많이 있으나, 간략하게 세 가지 정도를 제시할 수 있다. 먼저, 책은 자신이 부족하다고 느끼는 지식을 보충해 준다. 『한국출판연감』(2019)에 따르면 2018년도 발행한 신간은 6만 3천 종이고, 발행 부수는 1억

1백만 부라고 하니 가히 그 종류와 수에 놀라지 않을 수 없다. 이런 다양한 책 중에서 자신이 좋아하는 분야의 책을 골라서 읽는다는 것은 부족한 지식을 보충한다는 측면에서 효율적이라고 할 수 있다. 둘째, 책은 자신을 성장시키는 디딤돌이 된다. '책은 마음의 양식'이라는 학창 시절의 표어가 떠오른다. 양식은 사전적 의미로 '생존을 위하여 필요한 사람의 먹을거리'다. 다시 말해서 책은 사람이 활동하는 데 있어서 없어서는 안 되는 소중한 식량이 된다. 적어도 생각을 하는 마음에서는 그렇다는 의미다. 마음의 양식이 축적되면 자신이 생각하는 사고의 틀이 넓어지고 폭넓은 사고의 틀을 소유한다는 것은 그만큼 자기 자신이 성장하는 데 디딤돌이 된다. 셋째, 책을 읽는다는 것은 업무 추진에도 도움이 된다. 책에는 다양한 어휘력이 구사되어 있고 문장의 흐름이 내포되어 있기 때문이다. 책 읽기를 통해 자신의 지식을 습득하게 된다면 보고서를 작성할 때에 풍부한 어휘력을 구사할 수 있다. 언어 구사력은 민원인을 대하거나 토론을 할 때 상당한 설득력을 지닌다는 측면에서도 업무에 도움이 된다.

책 읽기가 중요하다고 해서 이것저것 아무 책이나 보라는 것은 아니다. 그러기에는 주어진 시간이 너무나 짧다. 그렇다고 베스트셀러니 고전이 좋다고 누구에게나 어울린다고는 할 수 없다. 베스트셀러는 원래 다양한 사람들로부터 사랑을 받는 책으로, 고전도 있고 수필집도 있는 음식으로 말하자면 일종의 짬뽕이다. 그야말로 이것저것 섞여 있는 것이 베스트셀러다. 톨스토이의 『전쟁과 평화』는 오랫동안 독자의 사랑을 받아 온 베스트셀러다. 독서를 하는 사람이라면 당연히 읽어야 하는 필독서지만 정작 그 내용을 이해하는 사람은 많지 않다고 본다. 그저 고전이기에 좋아하였는지도 모른다. 고전을 읽어도 이해하기 어렵다면 자신의 기호에 맞지 않다고 본다. 기호와 동떨어진 책을 억지로 보려고 하면 책 읽는 흥미도 사라진다. 따라서 베스트셀러라 해서 무조건 읽어야 한다는 고정관념에서 이제는 벗어나야 한다. 그저 편하게 자신이 좋아하는 분야의 책을 골라서 읽다가 어느 정도 익숙해지면 조금씩 지평을 넓혀 나가는 것이 책 읽기의 첫걸음이다.

책을 읽어도 사색을 하며 읽어야 한다. 책은 저자의 사상을 정리한 것이기에 맹목적으로 수용하는 누를 범할 수 있기 때문이다. 깊은 사색을 하며 책을 읽어야 진정한 자신의 지식으로 축적이 된다. 둘째, 독서대학을 다니기를 권한다. 독서대학의 설립자도 대학생도 자신이 되어 보는 것이다. 인터넷에 '독서대학'을 검색하면 다양한 방법론을 제시하고 있다. 자신이 설립하는 독서대학에서는 연간 취득해야 할 학점을 자신이 정하면 된다. 취득 학점을 교양과

목과 전공과목으로 나누고, 교양을 7~8할, 전공을 2~3할 정도로 배분하면 된다. 학점 부여는 권당 1학점으로 하고, 한 학기 6~12학점을 취득하는 것이 좋다. 개인의 독서량에 따라 읽기 쉬운 책은 1학점, 딱딱하고 읽기 어려운 책은 2학점을 부여해도 된다. 1년에 2학기를 기준으로 4년제 독서대학을 졸업할 때는 나만의 졸업장을 수여해 보자! 그 성취감은 실로 대단할 것이다. 이런 성과는 어떤 자리라도 당당한 자신을 발견할 수 있을 것이다. 마지막으로 독서 카드를 작성해 보자! 독서 카드는 제목, 저자, 인상 깊은 내용이나 줄거리, 자신의 느낌을 정리하면 된다. 독서 카드는 기억도 오래가고 관리자가 되었을 때 인사말의 소재로 유용하게 쓰인다. 근사한 약속을 잡았을 때 어울리는 독서 카드를 활용한다면 남들보다 자신이 단연 돋보일 것이다. 이런 일상을 반복하다 보면 습관이 되고 어떤 자리든 대화의 중심에서 지식을 전달하는 리더가 된다.

직장동호회에 적극적으로 참가하라

직장동호회는 직원 상호 간의 소통과 화합을 도모하고 건전한 여가 생활을 지원한다는 측면에서 각 행정 기관에서 장려하고 있다. 동호회의 종류는 등산, 마라톤, 축구, 헬스, 탁구, 영화, 사진, 기타, 사물놀이, 봉사 등 그 종류도 다양하고 행정 기관별로 20여 개의 동호회가 활발히 활동하고 있다. 직장동호회 등록 요건은 건강이나 취미 생활 등 건전한 여가를 목적으로 회원이 10~20명 이상이어야 하고 회칙과 동호회 운영 계획 등 각 기관에서 요구하는 서식에 따라 작성하여 제출하면 등록된다. 동호회의 최저 인원은 행정 기관별로 다소 차이가 있고, 동호회 결성이 비교적 자유로운 편이다. 직장동호회로 등록되면 예산의 범위 내에서 동호회 지원금을 받을 수 있고, 동호회는 지원금 사용명세를 정산하여 보고하는 체계로 운영되고 있다. 그렇다고 동호회 지원금이 많은 금액은 아니다. 어디까지나 운영 경비는 회원들의 회비에 의존하고 있다. 직장동호회는 직원부터 과장, 국장 등 직급에 구애되지 않고 행정·토목·건축·환경 등 다양한 분야의 직원들로 취미가 같으면 된다. 직원의 동호회 가입과 탈퇴는 자유롭고, 여러 동호회를 중복하여 가입할 수 있는 일종의 비공식 조직이다. 이런 특성으로 회원들의 총의로 회장과 총무 등 임원진이 구성되고 임원들이 동호회를 리드해 나간다. 동호회는 임원들이 얼마나 열정적이냐 여부에 따라 활성화 또는 침체 현상을 초래하게 된다.

덕산이 중앙부처에 사무관으로 재직할 때의 일이다. 바쁜 일상으로 주말을 이용해 산행하는 정도로 여가 생활을 하고 있다. 그런 중에 부처 내부 게시판에 등산동호회의 산행 계획이 공지되었다. 누구나 시간만 있으면 참여할 수 있어 즉시 신청을 하였다. 모처럼 부처 직원들과 안면도 익힐 수 있고, 산행지도 마음에 들었다. 등산 날짜를 손꼽아 기다리는 한 주는 들뜬 마음에 시간도 금방 지나갔다. 주말 산행을 기대하며 금요일에 상쾌한 기분으로 출근하여 컴퓨터를 켰더니 메시지 하나가 도착해 있었다. 토요일 산행을 연기한다는 내용이었다. '이거 뭐지? 왜?' 순간 기분을 잡치고 말았다. 기대가 커서 실망이 큰 것일까? 이유를 알아보니 등산동호회 회장인 이 과장이 업무 관계로 주말에 출근하기 때문에 산행을 갑자기 연기한 것이었다. 등산동호회는 연간 4회 등산을 하는데 회원들의 의사는 무시하고 2~3주 전에 잡은 등산 날짜를 일방적으로 연기한 것이 이해되지 않았다. 회장의 입맛 따라 움직이는 동호회라 생각되었다. 특히, 동호회 운영을 위해서는 실탄이 있어야 하는데 모아 둔 기금이 제로라는 말에 아연실색할 수밖에 없었다. 하긴 분기 1회 정도 모임인데 언제 회비를 내었는지 기억조차 없는 것을 보면 이해도 된다.

3개월 후, 9월 북한산국립공원 오봉 코스 등산을 마치고 늦은 점심 하산 주(酒) 자리였다. 술이 한두 순배 돌고 난 다음 총무가 일어서더니 간략한 인사말을 하고는 갑자기 자신의 후임자로 덕산을 지명하였다. 순간 당황했다. 귀띔도 없이 즉석에서 지명한 것이었다. 순간적으로 3개월 전 산행 취소를 강하게 어필한 것이 화근이 되어 체력장이나 사무실 등 만날 때마다 총무를 맡아 달라고 부탁하던 장면이 스쳐 지나갔다. 그때마다 바빠서 못한다고 거절하였는데 갑자기 지명한 것이었다. 덕산은 총무를 수락하는 조건으로 호명되시는 분은 동호회 임원을 맡아 줄 것을 즉석에서 제안하였다. 모두가 박수로 화답함에 따라 회장(실장), 여성 부회장, 재정부장, 조직부장, 홍보부장, 훈련대장, 산악대장(전임 총무)을 차례로 지명하였다. 산행 날짜도 매월 셋째 주 토요일로 고정하고, 회비는 산행에 참석할 경우 만 원, 강원도 치악산 등 원거리 산행은 2만 원

내외의 회비를 거출하는 것으로 회원들의 동의를 구했다. 미리 준비한 각본도 없었지만, 평소 등산동호회의 운영에 대한 덕산의 생각을 관철한 것이었다.

이후 5년간 비가 오나 눈이 오나, 회장의 참석 여부와 상관없이 매월 셋째 주 토요일은 어김없이 등산하였다. 중앙부처 공무원들이 참석하는 '중앙부처 등산대회'에서 1등 2회(51개 기관 중 보통 24개 부처 참가), 2~3등 2회 등 큰 성과를 거두었다. 등산대회에서 1등을 하면 차기 연도 중앙부처 등산대회를 개최하는 전통에 따라 '13년도 중앙부처 등산대회도 주관했다. 이런 성과에 힘입어 부처 내 동호회 평가에서 매년 우수동호회로 선정되는 성과도 올렸다. 총무 재임(5년) 기간에 회원 수도 120여 명으로 증가하였고, 후임자에게 총무를 넘겨줄 때는 7백만 원의 동호회 기금도 인계하였다. 이런 성과는 덕산 총무의 혼자 힘이라기보다 아낌없이 지원해 주신 장 회장님, 재정부장 등 임원진의 헌신적인 봉사 덕분이라 생각된다.

동호회가 활성화되려면 먼저, 임원진들의 헌신적이고 열정적인 노력이 있어야 가능하다. 일상적인 업무를 추진하기도 바쁘겠지만, 매월 도래하는 산행 계획을 공지하고 참석자를 파악하여 버스를 임차해야 한다. 필요하면 현지답사를 가고 식당도 예약해야 한다.

무엇보다도 안전사고에 대비해 5명 내외 조를 편성하여 인솔자를 지정하고, 간단한 구급 약품도 준비해야 한다. 버스를 임차할 때는 단체 보험에 가입하는 등 안전한 산행을 위해 최선을 다해야 한다. 이런 일들을 준비하는 과정이 결코 쉬운 일이 아니라고 본다. 임원진들의 남다른 열정이 있어야 가능하다.

둘째, 임원진은 동호회의 운영 방향과 목표를 제시해야 한다. 동호회를 리드하는 회장과 총무는 회원들의 의견을 반영하여 연간 운영 계획과 추진 목표를 세워야 한다. 덕산 총무와 같이 중앙부처 등산대회 우승, 기관 자체 평가에서 우수동호회 선정 등 달성하고자 하는 목표를 제시하여 동호회를 리드해야 한다. 목표를 제시할 때는 기금 적립, 회원 수 확대 등 동호회 발전을 도모하는 현실적인 목표를 수립해야 달성할 수 있다.

셋째, 동호회 회원에 대해서는 동등한 예우를 해야 한다. 직장동호회의 성격상 간부공무원에 치중하여 예우하면 일반 회원들이 소외될 수 있다. 그런 일이 반복되다 보면 회원들의 참석률이 떨어지고 동호회는 침체기에 빠져든다. 간부 공무원이든 일반 직원이든 동등한 회원으로 동호회가 운영된다는 점을 특별히 신경 써서 회원 관리를 해야 한다.

동호회 회원이 지켜야 할 에티켓etiquette도 있다. 먼저, 간부 공무원은 공동체의 일원으로 직원들을 배려하는 따뜻한 마인드가 있어야 한다. 동호회 참석을 하였다면, 직원들을 의식하지 말고 편하게 행동해야 한다. 직장의 연장선에서 바라보면 모처럼 맑은 공기를 쐬러 산행에 참여한 회원들은 산통이 깨진다. 직장에서는 과장이고 국장이라도 동호회에 참석한 이상 동등한 회원이라는 점을 결코 잊어서는 안 된다. 일반 직원들도 부담 없이 참석해야 한다. 동호회 참석하면 어른들만 층층이 있어 눈치를 봐야 한다는 선입관을 탈피해야 한다. 어디까지나 동호회는 같은 취미를 가진 자발적 모임이라는 점을 인식하고 부담 없이 참여해야 한다. 동호회에 참석했을 때는 앉은 자리를 정리하는 등 적극적으로 임원진을 도우려는 마인드도 필요하다. 그리고 이왕에 참석하기로 약속을 했다면 반드시 지켜야 한다. 동호회도 하나의 공동체다. 동호회를 운영하는 임원진들은 본연의 바쁜 업무에도 불구하고 시간을 할애하여 봉사활동을 하고 있다. 참석 인원에 비례하여 버스를 임차하고 식당과 간식 등을 준비하는데 약속을 어기면 계획을 수정해야 한다. 따라서 한 번 한 약속은 불가피한 사정을 제외하고는 번복하는 일이 없어야 한다. 동호회라 가볍게 약속을 번복하면, 자신의 신용도 의심한다는 점을 깊이 인식해야 한다.

동호회는 자신의 라이프 스타일life style을 고려하여 가입해야 한다. 동호회 활동이 도움이 된다고 무리해서 이것저것 가입해서도 안 된다. 무리한 가입은 불참이라는 부도를 낼 수 있다. 그리고 자신의 건강 상태를 확인하여 가입해야 회원들에게 부담을 주지 않는다. 심장병이나 고혈압이 있으면 산행 중에 다른 사람에게 민폐를 끼칠 수도 있고, 불의의 사고로 연결될 수 있기 때문이다. 직장동호회는 평소 만나기 어려운 간부 공무원도 만나고, 신입 직원들도 만나는 소통의 자리가 된다. 같은 취미를 가졌다는 공감대로 회원 상호 간 부담 없이 대화를 주고받을 수도 있다. 직원들은 사무실에서는 할 수 없는 애로 사항을 간부공무원에게 건의할 수 있는 소중한 자리도 된다. 이런 장점에도 불구하고 직원들이 참여를 꺼리는 동호회가 있다면 임원진에 문제가 없는지 점검해 보아야 한다. 동호회 운영에 문제점이 있다면 과감히 개선해 나가야 한다. 개선할 자신이 없다면 스스로 임원진에서 물러나야 한다. 그렇게 하는 것이 동호회 발전과 자신을 위해서도 현명한 처신이라 본다.

운동으로 스트레스 확! 날려라

스트레스는 흔히 만병의 원인이라고 한다. 적당한 스트레스는 무기력한 삶의 자극제가 되고 윤활유도 되지만, 관리 범위를 벗어나면 만병의 원인이 된다. 스트레스stress는 사전적으로 '적응하기 어려운 환경에 처할 때 느끼는 심리적·신체적 긴장 상태, 장기적으로 지속하면 심장병, 위궤양, 고혈압 따위의 신체적 질환을 일으키기도 하고 불면증, 신경증, 우울증 따위의 심리적 부적응을 나타내기도 한다.'고 한다. 공무원은 업무 추진 과정에 크고 작은 스트레스를 받게 된다. 그중에서도 승진에서 좌절되었을 때의 스트레스는 파장도 크고 오래간다. 공무원 신규 발령이나 육아휴직 등을 마치고 복직할 때도 스트레스를 심하게 받게 된다. 새로운 근무 환경에 적응해야 하고 업무를 익히는 데 시간이 소요되기 때문이다. 이런 스트레스를 슬기롭게 극복하지 못하고 우울증에 시달리는 직원도 일부 있다고 본다. 공무원 신규 발령자는 어제까지 일반인이었으나 발령을 받은 순간부터 공무원 신분으로 전환되면서 주어진 업무에 대한 중압감과 조직 문화에서 오는 스트레스를 이기지 못해 공직을 떠나기도 한다.

새로운 환경에 적응하기까지 겪는 스트레스 중에도 동료 직원과의 불화나 상사와의 의견 충돌로 인한 스트레스는 심한 충격파로 전달된다. 동료와 상사는 회피할 수도 없고, 계속해서 상호작용하기 때문이다. 스트레스를 해소하기 위해 과음을 하거나 폭식을 하는 사람도 있고, 운동으로 극복하는 사람도 있다. 운동이란 사전적 의미로 '사람이 몸을 단련하거나 건강을 위하여 몸을 움직이는 일'이다. 다시 말해 신체의 일정 부위를 반복적으로 자극을 주는 것이 운동이다. 이에 비해 농사일은 특정 신체 부위를 반복적으로 자극하지 않는다는 점에서 노동이라고 한다. 운동할 때도 자신의 몸에 맞는 운동을 해야 한다. 몸이 아프면 병원을 찾듯이 내 몸에 적합한 운동이 무엇인지 전문 트레이너의 도움을 받는 것이 좋다. 평소에 운동을 안 하다가 축구, 탁구, 배드민턴badminton 등 과격한 운동을 하면 몸이 상할 수도 있고, 무리한 운동으로 관절이 나빠질 수 있기 때문이다. 다양한 운동 중에서 일상적으로 쉽게 접근할 수 있는 것이 유산소 운동이다. 유산소운동의 사전적 의미는 '몸속의 지방을 산화시켜 체중 조절에 효과가 있는 운동'으로 미국의 내과 의사 케네스 쿠퍼Kenneth Cooper가 심장병 치료의 운동 요법으로 창시하였다. 도보로 출·퇴근을 하거나 마트·공원을 산책하는 등 일상생활의 과정이 유산소 운동이다. 걷기를 할 때는 관절에 무리가 없도록 목과 허리를 똑바로 편 상태에서 팔은 어깨높이만큼 올리고 뒤꿈치부터 발가락 순으로 땅을 밟으며 걸어야 한다. 운동 관련 책, 인터넷 자료를 활용하거나 지인의 도움을 받아 올바른 자세로 걸어야 운동 효과도 높아진다. 운동이 좋다고 넘쳐서도 안 된다. 매일 아침 헬스장을 간다든지 하는 식의 무리한 목표를 정하고 하는 운동은 오히려 독이 될 수도 있다. 계획된 목표를 달성하기 위해 무리할 수도 있고 때로는 미달하였을 때 받게 되는 스트레스로 역효과를 볼 수 있다. 몸은 따라 주지 않는데 의식적으로 운동을 하면 몸이 상할 수도 있다. 따라서 헬스장의 요금이 아까워도 몸에서 이상 신호를 보낼 때는 쉬어야 한다.

덕산 사무관은 지방에서 중앙부처로 자리를 이동하다 보니 사무실 분위기도 다르고, 업무 강도도 비교가 안 될 정도로 높다는 것을 실감하였다. 직원들의 대화도 세련되고 업무는 깊이가 있고 치밀하였다. 보고서의 내용도 통계 숫자나 팩트fact를 기반으로 작성한 것이 지방자치단체와는 확연히 달랐다. 지방에서 20여 년의 공직 생활을 해 오면서 나름대로 일 잘한다고 평을 받아 왔는데 중앙부처는 통하지 않았다. 보고서 작성 틀도 다르고 보고서의 질도 달랐다. 보고서 내용도 엉성하고, 오탈자에 문단 간격도 맞지 않았다. 과장 결재를 올리면 수없이 수정되는, 한마디로 엉망이었다. 이를 극복하기 위해서는 피나는 노력밖에 없었다. 야근을 밥 먹듯이 하고 주말에도 출근하는 일이 빈번해졌다. 이런 과정에 겪는 스트레스는 이루 말할 수 없을 정도였다. 그렇다고 다시 지방으로 내려가는 것도 내키지 않았다. 이런 속사정을 들어 줄 친구도 동료도 찾기 어려웠다. 섣부르게 이야기했다가는 자신의 치부를 드러내는 것 같아 속상할 때는 옥상으로 올라가 청사 밖으로 불어오는 바람을 쐬며 스트레스를 삭이는 것이 고작이었다.

이른 새벽 5시 기상하여 집에서 가까운 공원을 달렸다. 동트기 전 새벽의 찬 공기를 마시며 달릴 때는 세상 부러운 것이 없었다. 그렇게 1시간을 뛰고 나면 아침 식사는 꿀맛이었고 출근하는 버스에서 한 시간 남짓의 꿀잠은 피로를 풀어 주었다. 무엇보다 '나는 할 수 있다'는 자기 최면은 업무에서 오는 스트레스를 커버cover하고도 남았다. 주말에도 달렸다. 국내에서 개최되는 마라톤 대회도 참가하는 등 달리기는 삶의 일상이요 활력소가 되었다. 마라톤을 하다 보면 일정 시점부터는 고통도 사라지고 무아지경에 빠지게 된다. 저절로 다리는 쭉쭉 뻗어 나가는 그런 느낌을 경험하게 된다.

이를 러너스 하이runners high 현상이라 하는데, 이소영 과학 칼럼니스트는 "러너스 하이 현상은 마라톤 등 격렬한 운동을 1분에 120회 이상의 심장박동수로 30분 이상 달리면 몸은 가벼워지고 머리가 맑아지면서 경쾌한 느낌이 든다."라고 하였다. 일상의 스트레스는 한순간에 달아나 버리고 강한 자신감을 불어넣는 운동이 달리기였다.

매일 아침 달리기를 하다 보니 부작용도 있었다. 얼굴에 선크림도 바르지 않고 장시간을 자외선에 노출하여 피부는 엉망이 되었다. 그것도 자그마치 3년간 강렬한 태양에 노출했으니 나이보다 훨씬 늙어 보이는 것이었다. 비타민 D 흡수를 위해서는 어느 정도의 자외선은 필요하다는 사람도 있고, 자외선은 피부 노화를 촉진하므로 나쁘다는 사람도 있다. 정확히 어느 것이 좋은지는 알 수 없으나 덕산의 경험으로는 자외선에 피부를 노출해서는 안 된다. 자외선은 강한 태양 빛이 내리쬐는 것은 물론이고, 구름으로 햇빛이 보이지 않아도 실제로는 있다. 그 강도의 차이만 있을 뿐이다. 어쩔 수 없이 야외 운동을 하는 날에는 자외선 차단제를 꼭 발라야 한다. 적어도 뽀송뽀송한 젊은 피부를 오랫동안 유지하고 싶다면 말이다.

이후에는 실내 운동으로 전환했다. 광화문 정부서울청사에 도착하면 7시, 간단한 스트레칭을 하고 30분간 4~5㎞를 러닝머신을 달린다. 러닝머신 달리기는 5분간 천천히 예열하고 시속 9~10㎞로 달리다가 마지막에 3분간 천천히 피로를 푸는 속도로 했다. 시속 9~10㎞를 달릴 때는 오직 달리기에만 집중을 하여 사무실에서 받는 스트레스를 깔끔하게 날려 버렸다. 샤워한 다음 8시에 컴퓨터를 켜고 업무를 시작한다. 소위 말하는 의관(衣冠)을 정제(整齊)하고 손님을 맞이하니 일과는 미끄럼틀 타듯이 순식간에 지나갔다. 이런 생활을 7년이나 지속해 오다 보니 어쩌다 운동을 하지 않은 날에는 몸이 근질근질하고 찌뿌둥하여 종일 컨디션이 좋지 않았다. 이런 날은 하루해가 왜 그리도 길고 지루한지 업무 집중도 안 되고, 능률도 떨어졌다. 이렇게 형성된 운동 습관은 정부청사를 떠났어도 어떤 형태로든 공직 생활 내내 이어져 오고 있다. 덕분에 우리나라 50대 이상 세 사람 중 한 명이 걸린다는 고혈압, 당뇨, 심혈관 질환 등 성인병 걱정 없이 건강한 생활을 유지하고 있다.

술도 음식이다, 과식하면 체한다

술이란 무엇인가? 사전적 의미로 술은 '알코올 성분이 들어 있어 마시면 취하는 음료'로, 적당히 마시면 물질대사를 높이는 효과가 있다고 한다. 한마디로 적당히 마시면 생활의 활력소가 되는 보약이면서 과음하면 건강을 해치고, 주변 사람들에게 해를 끼치는 것이 술이다. 『등산이 내 몸을 망친다』의 저자이자 산악인·의사 정덕환 외 2인은 "적당한 음주는 혈액 순환을 좋게 하고, 기분을 즐겁게 만들어 주는 효과도 있다. 그 적당량이란 소주 한잔, 막걸리 한 사발, 맥주 한 캔 정도이다."라고 했다. 술을 한두 잔 마시게 되면 얼굴에 화색이 돌면서 긴장이 풀리고 분위기도 좋아진다. 술이 3~4잔 돌면 말문이 열린다. 내성적인 사람도 대화에 끼어들면서 회식 장소는 떠들썩해지고 사회자는 "중앙방송 나갑니다." 하고 집중해 줄 것을 종용한다. 6~8잔 마시게 되면 사람에 따라서는 취기가 오르고 본성이 드러난다. 원용희 선생의 『지구

촌 술 문화』에서는 "흔히들 술에 취하면 훌륭한 사람은 착한 마음을 덜어내고 조급한 사람은 사나운 기운을 나타낸다고 말한다. 그래서 항간에는 '술이 사람을 안다.'라는 말도 있다. 사위를 얻을 때 장인이 사위 될 사람을 불러 대작해보면 그 삶의 됨됨이를 알아볼 수 있다."라고 했다. 이후 단계는 술이 술을 마시는 단계로, 스스로 제어가 되지 않는다. 취중 사고는 마지막 단계에서 일어난다고 보면 된다. 한마디로 필름이 끊어지고 이성을 잃어버린다. 사고를 친 다음 날 물어보면 기억이 안 난다고 오리발을 내밀기도 한다.

한때 공무원 사회에서 '술을 잘 마시면 일도 잘한다.'라고 했다. 술 문화가 대세를 이루던 시절이라고 생각된다. 덕산 주무관이 도에 근무할 때의 일이다. 모처럼 팀의 회식 자리가 마련되었는데 메뉴는 소갈비였다. 시내에 소문난 맛집을 예약하고 6시 퇴근 시간에 맞추어 이동하였다. 직원들이 먼저 도착하여 갈비를 한두 점 먹고 있을 무렵, 계장이 합류하여 정식 회식이 진행되었다. 먼저 건배를 위해 음료수 컵을 직원 수대로 주문하였다. 그저 폭탄주를 돌리나 보다 했는데 음료수 컵에 소주를 따르고는 직원들에게 하나씩 나누어 주었다. 계장의 간략한 인사말이 있은 다음 원 샷one shot 구호에 맞추어 단숨에 마셔야 했다. 한 번에 마시지 못하면 벌주가 추가되는 무언의 규칙이었다. 덕산은 도청 전입도 얼마 되지 않은 시점이라 멋모르고 '쭈욱' 마셨다. 정신이 몽롱하였다. 빈속에 마신 술이라 금방 취기가 돌아 회식 도중에 화장실에서 토하는 등 회식이 어떻게 끝났는지, 집에는 어떻게 왔는지도 기억이 나지 않았다. 도청 전입 신고식을 호되게 치른 것 같았다. 다음 날 머리는 띵하고 도살장에 끌려가는 심정으로 고된 육신을 이끌고 사무실을 들어서니 신기하게도 10여 명의 직원이 꼿꼿하게 자리를 지키고 있었다. 다들 술이 샌 것인지 아니면 정신력으로 버티는 것인지 모르지만, 덕산은 문화적인 충격이었고 평소에 먹기 어려운 비싼 갈비를 한두 점 먹고 남긴 것이 못내 아쉬웠다.

수원시에서 도청으로 전입하다 보니 업무도 생소하고, 직원도 낯설어 애로 사항이 많았다. 야근이 잦았고 저녁 식사를 겸한 반주는 2차로 이어지는 날도 많았다. 개인적으로도 전입 동기다 과 서무 모임이다 이런저런 이름을 붙여 가며 모임을 자주 갖다 보니 자연히 몸은 망가져 갔다. 직원들의 모임은 분위기가 좋아서인지 술은 취하라고 마시는 것이 되었다. 술이 덜 취하거나 자정까지 시간이 많이 남았을 때는 2차, 3차를 돌면서 마셨다. 인심이 좋은 건지 술이 들어가서인지 모르지만, 선배들이 서로 술값을 내겠다고 실랑이를 하는 것이었다. 이런 분위기를 뿌리치고 귀가한다는 것은 불가능에 가까웠다. 그 당시는 상하 직원 간의 위계질서가 강력하였기 때문에 선임이 자리를 떠나야 일어설 수 있는 분위기였다. 이런 시간을 보내고도 다음 날 8시는 어김없이 사무실에 도착하는 것을 철칙으로 여겼다.

덕산은 도청으로 전입한 지 1년이 되어 갈 무렵 공무원 건강검진을 받았다. 지방간 의심이라는 적신호 성적표를 받았다. 술에 장사 없다고 어쩌면 당연한 결과인지도 모른다. 경고가 떨어진 후 술자리는 될 수 있으면 피했다. 전 직원이 참석하는 회식 자리는 한두 잔으로 주량을 제한하였다. 이런 자리는 앉아 있는 것 자체가 고역이었다. "잘 마시는 술을 왜 안 마시는 거냐? 어디가 안 좋은 거야?"라며 질문 공세가 이어지고 "건강검진 결과 지방간 의심이 나와 술을 안 마신다"고 하면, 여기저기서 "지방간은 나도 있다", "술 좋아하는 사람은 누구나 있다"며 강권하는 분위기로 바뀌었다. 마치 누가 이기나 보자 자존심을 걸고 한판 붙을 심산이었다. 어느 정도 시간이 흐르고, 좌중은 얼큰하게 취기가 돌았고 왁자지껄한 웃음소리와 술 냄새, 고기 타는 냄새가 코를 진동하였다. "아! 술자리는 이런 건가?" 횡설수설하는 직원들을 멀리하고 잠시 바람을 쐬러 일어났다 앉기를 반복하는 자리가 고역이었다. 그렇다고 먼저 일어설 수도 없고 끝까지 동석하는 것이 대단한 인내심을 요구하였다. 이런 문화에서 지방간 의심은 어쩜 절주의 구실도 되지 못하고 이방인으로 비치게 했는지도 모른다. 6년간의 세월이 흘러 지방간 의심은 사라졌다.

10년 후, 덕산 사무관은 도에서 중앙부처로 자리를 이동하였다. 지방공무원으로 20여 년을 보내고, 국가공무원으로 신분 전환을 하다 보니 직원들도 낯설고 업무 강도도 비교할 수 없을 정도로 강했다. 시·도 업무는 중앙 지침을 자체 실정에 맞게 일부 수정하는 데 비해, 중앙부처는 새로운 정책을 추진하거나 시·도를 컨트롤하는 업무였다. 이런 환경에 살아남으려면 업무로 승부를 걸어야 했다. 술로서 직원들과 아무리 좋은 관계를 형성하더라도 업무 능력이 따라 주지 않으면 공염불이 되기 때문이다. 따라서 '나의 사전에 2차가 없다'는 생활신조가 만들어졌다. 어느 날 덕산 사무관이 중앙부처 전입 후 회식 자리가 마련되었다. 늘 바쁜 탓으로 5개월 만에 마련된 회식은 저녁 8시에 시작되었다. 공무원은 6시 퇴근이라지만 부서 사정상 저녁 8시로 회식을 정하게 된 것이었다. 그것도 어떤 때는 취소되기도 한다. 위로는 청와대와 총리실의 눈치를 봐야 하고, 시·도의 상황을 지켜봐야 한다. 현안 사항이 떨어지면 필요한 조처를 하고 상황이 어느 정도 마무리되어야 퇴근할 수 있기 때문이다. 밤 8시부터 과장님의 인사말을 필두로 10여 명 직원의 건배 제의 순으로 회식은 진행되었다. 직원들의 건배사는 과장님을 칭송하는 용비어천가를 뽐내는 경연장으로 흐르고, 눈치 빠른 직원은 과장 이름을 삼행시로 바치기도 했다. 분위기는 달아오르고 2차는 노래방이나 호프집을 가는 것이 필수 코스였다. 밤 10시 넘어서 노래방으로 2차를 가는데 갈등이 생겼다. 이 눈치 저 눈치를 살피다, 노래방 문턱에서 줄행랑을 쳤다. 덕산의 자택이 성남이고 다음 날 새벽(5시 30분)에 일어나 출근하는 철칙을 어길 수 없었기 때문이다. 성남 가는 버스에 몸을 의지하고는 전화기도 꺼 두었다. 이튿날 출근을 하니, 노래방에서 덕산을 찾는다고 난리가 났다는 것이었다. 분명 노래방까지 왔는데, 행방은 묘연하고 전화도 안 되고, 한편 죄송하고 미안하여 과장님과 직원들께 연신 "죄송합니다."를 연발하고는 간신히 자리에 앉았다. '나의 사전에 2차는 없다'는 생활신조는 이렇게 완성되었다.

이제는 2차, 3차를 가는 음주 문화를 행정 기관에서 찾아보기도 어렵다. 회식 자리에서는 막내라도 사양을 하면 강권하지도 않는다. 직원들 인사이동으로 송·환영식을 하는 것도 점심으로 하거나 저녁을 하더라도 주변 맛집을 찾아 요리를 먹는다. 아니면 간단한 식사 후 영화를 관람하기도 한다. 이런 분위기에 주당들의 설 자리는 사라지고 전 직원 참석이라는 말도 사라지고 있다. 한마디로 직원들의 개인 의사를 존중하는 공직 사회로 전환되고 있다. 따라서 술도 음식이라는 인식 전환이 필요하다고 본다. 음식은 적당량을 먹어야 위에도 부담을 주지 않는다. 과식하면 값비싼 음식을 낭비할 뿐만 아니라 체지방이 쌓이게 된다. 체지방이 많아지면 비만으로 연결되어 각종 성인병의 원인이 되기도 한다. 지나친 음주는 자신의 몸을 망가뜨리고 사랑하는 아내와 어린 자녀들까지 스트레스를 주게 된다. 한순간의 실수로 가정의 평화까지도 위협하는 것이 술이다. 술에 대한 트라우마trauma가 있다면 금주(禁酒)를 해야 한다. 아니면 절주(節酒)를 결심해야 한다. 절주는 자기 자신과의 싸움으로, 독한 마음의 계기가 있어야 한다. 지나친 음주로 사고를 쳤거나 몸이 망가져 건강에 적신호가 켜져야 비로소 결심하게 된다. 그만큼 절주는 어렵고 힘들다고 본다. 절주를 결심하였다면 술자리는 피하는 것이 상책이다. 어쩔 수 없이 술을 마시게 되면 먼저 잔에 따른 술을 보며 지난날 실수한 기억을 회상하고 마셔야 한다. 실수 중에도 가장 창피했던 순간을 떠올리며 '오늘은 두 잔만 마셔야지.'라고 스스로 다짐을 해야 한다. 아마도 술맛이 달아날 것이라 본다. 마지막으로 첫 잔을 마실 때는 입만 축이는 식으로 세 번에 나누어 마셔야 한다. 상대방이 세 잔을 마실 때 당신은 한 잔을 마시는 식으로 음주 페이스를 조절해야 한다. "다 된 밥에 코 빠진다."라는 속담이 있다. 제아무리 성실한 공무원도 술버릇이 고약하거나 순간을 참지 못해 불미스러운 사고를 쳤을 때는 그동안 쌓아 온 공이 한순간에 무너진다는 점을 잊지 말아야 할 것이다.

자원봉사 활동을 주기적으로 실천하라

덕산은 서울역 맞은편 빌딩 숲에 가려진 쪽방촌에 자원봉사를 다녔다. 행정안전부의 지방행정실에서 월 2회 자원봉사단을 구성하여 활동을 나가는 데 합류를 한 것이었다. 쪽방촌은 한 평 반의 공간에서 홀몸 노인들이 1~2명 거주하는 굉장히 열악한 주거 환경이었다. 쪽방촌의 입구도 좁아서 두 사람이 마주치면 부딪히기 십상이었다. 쪽방의 출입문도 하나고 창틀 사이로 찬 바람이 쌩쌩 불어오고, 화장실은 20~30m 이동하여 공동으로 이용하는 구조였다. 이런 사정으로 소변은 요강을 이용하였고, 요강을 구비하지 못한 쪽방 거주자는 페트병을 활용하고 있었다. 페트병 2~3개 소변을 모아 두었다가 버리는 식이었다. 봉사활동은 쪽방촌의 홀몸 노인들이 따뜻한 겨울을 날 수 있도록 준비하는 일이었다. 연탄을 사서 배부하거나 창문에 에어캡을 설치하고, 도배와 지저분한 자리를 교체해 주기도 하였다. 월동 준비는 가구당 4~5명의 자원봉사자를 한 조로 편성하여 봉사활동을 하였다. 자리를 새로 교체할 때는 대청소도 겸하는 관계로 3~4시간은 금방 지나갔다. 얼굴이 땀으로 범벅이 되고, 지린내는 몸에 배어 냄새는 진동하여도 기분은 좋다.

6개월 후, 덕산은 중앙부처에서 광역시로 전출하여 상·하반기 사회복지법인으로 자원봉사를 나가고 있었다. 부서평가에 봉사 실적을 반영하기 때문이다. 복지관을 방문하여 간단한 설명을 듣고, 미리 준비한 휴지나 생필품을 전달한 후 봉사활동을 시작하였다. 복지관에 따라 다르지만, 발달장애나 치매 환자들이 있는 복지관은 원생들과 놀아주는 팀, 청소하는 팀으로 나누어 봉사활동을 하였다. 봉사활동 시간은 오전에 끝나도록 프로그램을 구성하고, 직원들과 오찬을 마치고 헤어졌다. 덕산이 근무하는 시청에도 자원봉사동아리가 구성되어 봉사활동을 활발히 했다. 봉사동아리는 부서 게시판 공지를 통해 참가자를 모집하여 봉사활동을 한다는 측면에서 부서 단위의 활동보다 적극적인 편이다.

자원봉사는 라틴어 '자유 의지Voluntas'에서 유래되었다고 한다. 자원봉사의 사전적 의미는 '어떤 일을 대가 없이 자발적으로 참여하여 도움을 주거나 그런 활동'을 의미한다. 우리나라는 1회 이상('19년) 자원봉사 참여자의 비율이 전 인구의 약 8%에 불과하다(참여자 4백만 명/인구 5천 2백만 명, 1365 자원봉사 포털). 자원봉사 참여자의 대부분이 청소년, 직장인으로 자원봉사 점수나 직장 내 평가 등 자원봉사를 유도하는 정부 정책에 좌우되고 있다고 생각된다. 자원봉사를 하면 행복해진다고 한다. 자원봉사를 몸소 실천했다는 자부심과 긍지야말로 행복으로 연결되는 것이다. 둘째, 자원봉사활동을 지속하다 보면 남을 배려하는 습성도 생긴다. 자원봉사는 순수한 의미에서 스스로 자발적으로 참여하게 되고, 이런 활동을 한다는 것은 그만큼 배려심이 있어야 가능하기 때문이다. 셋째, 주변인들로부터 존경을 받게 되고, 평판 관리에 도움이 된다. 거저 묵묵히 봉사활동을 하더라도 소문은 나게 마련이고 주변 사람들로부터 칭송을 받게 된다. 이런 칭송은 평판도 좋아지고 포상으로 이어진다. 행정안전부는 '청백봉사대상'과 '민원봉사대상' 후보자를 매년 선정하여 포상(본문 170쪽 참고)하고 있다. 평판이 좋은 사람은 당연히 승진도 유리하게 작용하게 된다.

개인적으로 자원봉사를 원한다면 지역 사회 봉사단체에 가입하는 것이 좋다. 이런 활동을 하려면 색소폰 등 악기를 연주하거나, 노래, 춤, 이야기 등 하나 정도의 재능을 갖추는 것이 필요하다. 봉사단체에 따라 다르겠지만 매월 정기적으로 사회복지시설을 돌아가며 재능기부를 하게 된다. 봉사활동은 은퇴 후 인생 2막을 살아가는 데 좋은 방법이라고 본다. 어학 실력이 따라 준다면 코이카KOICA를 통해 해외 봉사활동을 나갈 수 있다. 코이카 봉사단 선발은 서류 전형과 면접으로 이루어진다. 코이카 코디네이터(안전업무전담: '20년 10월 모집) 서류심사기준은 경력(35점), 어학(35점), 지원 서류(30점), 가산점(+20점)으로 구성되어 있다. 일반봉사단 모집 분야는 공공행정, 교육, 농림수산, 보건/의료, 기술 환경 에너지 등 5개 분야 30여 개 직종을 선발하고 있다. 자세한 사항은 코이카 해외봉사단 홈페이지(kov.koica.go.kr)를 참고하면 된다. 대한적십자사를 통해 봉사활동을 할 수도 있다. 대한적십자사는 시·도별로 지부가 있다. 재난구호, 복지사업, 국제사업, 공공의료 사업 등 다양한 사업을 추진하기 때문에 특별한 재능이 없더라도 봉사 의지만 있다면 얼마든지 참여할 수 있다. 은퇴자라면 공공도서관, 박물관 등 자신의 성격에 맞는 기관을 선택하여 자원봉사를 할 수도 있다. 이와 별도로 경제적 도움을 주는 방법도 있다. 복지 기관이나 특정 개인을 후원하는 방식이다. 향토장학재단에 장학금을 전달할 수 있고, 유니세프에 일정 금액을 후원하여 자라나는 어린이들을 위한 기부 천사로 활동을 하면 된다.

자원봉사자들이 가져야 할 마음가짐도 있다. 봉사활동을 나가기 전에 복지 기관과 사전에 충분한 협의를 해야 한다. 행정 기관이라고 언제 나가겠다는 식의 일방적 협의는 지양해야 한다. 봉사단체는 대부분 토요일을 선호하는 데 비해 복지 기관은 봉사단이 넘치는 토요일보다는 일손이 부족한 일요일을 희망할 수도 있다. 복지관은 행정 기관에서 오겠다고 하면 거부할 수 없는 입장이라는 점을 살펴야 한다. 이런 사정을 고려하여 복지 기관에서 원하는 시기와 봉사활동 내용을 충분히 조율하여 봉사를 나가야 한다. 일방적으로 나가게 되면 부실한 봉사로 연결되고 오히려 기관의 이미지만 나빠질 수 있다. 자원봉사자들도 복지 기관의 성격, 원생들에 대한 사전 지식을 습득한 다음에 봉사활동을 해야 한다. 그저 주어진 시간을 보내는 식의 봉사는 클라이언트client에게 아무런 도움도 못 준다. 마지막으로 클라이언트를 하나의 인격체로 존중해야 한다. 클라이언트를 비하하거나 모자란 사람 정도로 편견으로 바라보면 봉사활동의 진정성이 결여된다. 이런 자세는 클라이언트에게 도움을 주기는커녕 오히려 마음의 상처를 줄 수도 있다. 이왕에 봉사를 나갔으면 클라이언트와 한 몸이 되어 진심 어린 봉사를 해야 한다.

행복은 어디에서 오는 것일까?

행복이란 무엇인가? 사전적 의미는 '생활에서 충분한 만족과 기쁨을 느끼면서 흐뭇함 또는 그러한 상태'를 말한다. 이런 행복은 어디에서 오는 것일까? 다시 말해서 일상생활을 영위하면서 만족과 기쁨을 줄 수 있는 것은 어떤 것이 있을까? '돈', '일', '사랑', '명예'가 어느 정도 충족되어야 하고, 자신이 좋아하는 것을 할 때라고 생각된다. 임상심리학자 매슬로A.H. Maslow의 욕구 5단계는 행복을 추구하는 단계를 잘 설명하고 있다. 매슬로는 제일 먼저 생리적 욕구가 충족되어야 행복하다고 했다. 생리적 욕구를 충족하기 위해서는 무엇보다도 '돈'이 있어야 한다. 2단계는 안전·정에 대한 욕구라 할 수 있다. 사람이 살아가기 위해서는 '일'이 있어야 한다. 일은 일정하게 지속하여야 한다는 점에서 직업이 될 수 있다. 적정한 직업은 삶의 활력소가 되고 생활의 안정을 가져다준다. 3단계는 애정과 소속에 대한 욕구다. 이것은 한마디로 '사랑'이라고 할 수 있다. 사랑은 부모님의 사랑도 되고, 이성 간의 사랑도 된다. 결혼한 다음에는 부부간의 사랑도, 자녀에 대한 사랑도 된다. 노후에 고독한 삶을 살지 않기 위해서는 가족이나 지인들과의 관계도 잘 유지해야 행복한 노후가 보장된다. 4단계는 자기존중의 욕구다. 자기존중은 '명예'라고도 할 수 있다. 의식주가 해결되고 사회적으로 어느 정도 성공을 하였다면 존경받고 싶은 것이 사람의 본성이다. 옛날 속담에 "호랑이는 죽어서 가죽을 남기고, 사람은 죽어서 이름을 남긴다."고 했다. 한마디로 명예의 중요성을 이야기하는 것이라고 본다. 마지막으로 '자신이 좋아하는 것을 할 때' 행복을 느낀다. 자신이 좋아하는 글쓰기, 봉사활동을 하는 것을 자아실현이라 본다. 자아실현의 사전적 의미는 '자아의 본질을 완전히 실현하는 일'이다. 매슬로의 욕구 5단계에서 자아실현을 가장 최상의 단계로 분류하였다.

이 책을 읽고 있는 당신은 자신이 어느 단계에 있다고 보는가? 비전이 없어서 의욕을 상실했거나 아니면 사랑하는 이성이 없어 외로운가? 자신이 행복하다고 생각하는 공무원은 얼마나 될까? 공직자라면 박봉에, 업무는 고되고, 직원과의 소통도 원활하지 않은데 무슨 행복 타령이냐 할 수 있다. 맞는 말이다. 코로나19로 우울한 사회에서 정부에 대한 불신은 고조될 수밖에 없다. 정부에 대한 불만은 고스란히 공무원에게 전이 된다. 이런 여건에 스트레스를 안 받는다면 거짓말일 것이다. 그러나 공직자는 국민에 대한 봉사자이기에 이런저런 비난을 감수해야 한다. 이런 일이 어제오늘의 일도 아니기 때문이다. 공무원을 비판하는 사람도 자신의 친·인척이 공무원 시험에 합격하면 그렇게 좋아할 수가 없다. 이런 이중적인 자세를 보이는 것은 국민의 세금으로 공무원 봉급을 주기 때문이다. 대학을 졸업하고 공직에 입문하는 공무원과 입시학원 강사로 진출하는 스타 강사를 비교해 보자. 공직자는 스타 강사보다 보수도 형편없고 보잘것없는 말단 공무원으로 출발하더라도 세월이 가면 갈수록 직급은 올라가고 덩달아 보수도 많아진다. 이에 비해 스타 강사의 인기는 길어야 십 년이다. 본인이 재산을 축적하여 학원 원장으로 성공하지 않는 이상 점점 인기도 떨어지고 보수도 정체되기 마련이다. 첫 출발과 달리 역전 현상이 벌어진다. 따라서 직업인으로서 공무원도 괜찮은 직업이라고 생각된다. 해마다 치솟는 공무원 시험의 경쟁률이 잘 말해 주고 있다.

그렇다면 공무원 재직 기간 가장 행복한 순간을 꼽으라면 어떤 것일까? 승진과 원하는 곳으로 전보 인사가 되었을 때라고 본다. 성공했을 때는 기쁨을 주지만, 물 먹게 되면 아픔을 주는 것이 승진의 속성이다. 승진의 기쁨도 일정 시점이 지나면 또 다른 목표를 설정하기 때문에 그렇게 길게 가지는 않는다. 이에 비해 원하는 부서로 이동하여 업무에 몰입할 때는 그 여운이 길고도 달콤한 행복으로 이어진다. 덕산 사무관의 공직 생활에서 가장 길게 행복을 가져다준 것은 중앙부처에 재직하면서 느낀 업무에 대한 만족이었다. 중앙부처에서 정보공개업무, 국민·공무원 제안제도, 지방공무원 채용제도, 교육 훈련 업무를 담당할 때의 만족도는 대단했던 것으로 회상한다. 이런 업무들은 관련 법령이 있고, 법을 개정하거나 법령에 대해 해석을 하는 것도 담당 사무관의 몫이다. 자연스럽게 업무에 대한 권위도 서고 중앙과 지방의 공무원교육원 강의도 수시로 하게 된다. 한마디로 담당 업무에 대해서는 대한민국 최고라는 자부심과 긍지로 일했다고 생각된다. 일이 재미있고 업무에 대한 책임감이 강하다 보니 십 년이란 세월도 순식간에 지나갔다. 장샤오헝 교수는 그의 저서 『마음의 속도를 늦춰라』에서 "진심으로 행복한 사람은 설령 가난해도 자신의 삶에 감사할 줄 안다. 이들은 이미 감사함과 즐거움으로 가득한 인생을 살고 있기에 대통령 같은 최고 자리를 우러러보지 않는다. 또한 이미 삶을 충분히 누리고 있기에 돈으로 가득한 부자의 주머니를 부러워하지 않는다."라고 했다.

이제 공직자로 살아가는 것에 만족하고 있는가? 공직자는 어느 정도 삶을 영위할 수 있는 보수, 정년의 보장, 사회적인 명예도 있다. 따라서 공직자로 살아가는 것에 어느 정도는 만족하고 있다고 본다. 만족하고 있다는 것은 행복과도 연결된다. 물론 여기에 동의하지 않아도 상관없다. 동의는 하지 않더라도 현재 공직 생활을 계속하고 있다는 것은 '만족이라는 커다란 동그라미 안에 불만족이 존재'하기 때문이다. 오히려 어느 정도의 불만이 있어야 자신이 성장할 수 있다. 따라서 행복은 개개인의 영역인 사랑과 자아실현 욕구를 충족하는가에 달렸다고 본다. 대다수 공무원이라면 사랑은 어느 정도 충족하고 있다고 본다. 건전한 공직자라면 이성, 부부, 부모와 자식 간의 사랑 등 다양한 요소가 있기 때문이다. 그다음은 자아실현 욕구를 충족하는가에 달려 있다고 본다. 자아실현은 자신이 좋아하는 것, 하고 싶은 것을 선택하는 것이라고 했다. 행복을 찾아서 업무적일 수도 있고, 업무 외적일 수도 있다. 업무적인 것은 주어진 업무에 몰입하거나 고위직까지 승진하기 위해서 한 계단 한 계단 절차를 밟아 가는 것일 수도 있다. 업무 외적인 것은 사진 찍기, 봉사활동 등 본인의 주어진 환경과 여건에 따라 좋아하는 것을 선택하여 목표를 정하고 이를 달성해 나가면 된다. 자아실현을 위한 목표를 설정하였다면, 이를 너무 조급하게 달성하려고 해서도 안 된다. 조금은 느리게, 마음을 비워야 한다. 등산할 때도 정상을 향해 한걸음에 달려가면 금세 지치고 만다. 때에 따라서는 정상까지 오르지도 못하고 하산할 수도 있다. 따라서 자신의 몸에 맞게 꾸준히 산을 오르면서 가끔은 주변의 새소리에 귀 기울여 보고 산자락에 핀 예쁜 꽃들에 시선을 주기도 하면, 어느새 정상에 오를 것이다. 산행길이 오르막과 내리막이 있듯이 공무원 생활도 때로는 힘든 시기가 있을 수 있다. 힘이 들 때는 잠시 옆길에서 쉬어 가면서 묵묵히 자신의 길을 걸어가는 것이 인생을 사는 지혜요, 공직자의 행복이라고 생각된다.

에필로그

이 책을 쓰기까지 참으로 길고도 먼 길을 걸어왔다. 장장 40년에 가까운 길이었다. 그래도 그 길은 행복한 길이었고 내 작은 체구를 산화할 만큼 아낌없이, 원도 없이 살아온 길이었다. 어떤 의미에서는 외길 인생이요 고지식한 삶이라고 할 수 있다. 그동안 살아온 삶에 대해 후회도 한 적이 없었다. 그저 365일 하루도 공무원이 아닌 날이 없었다. 주말 공원을 산책할 때도 다음 주에 추진할 업무에 대해 사색을 하며 시간을 보냈다. 동료와 후배에게 '주말도 그대의 몸은 국가의 것'이라는 점을 자랑스럽게 상기시켜 주었다.

이런 나의 삶은 2020년 6월 30일 부로 사실상 공직을 떠나 인생 2막이 시작되었다. 어제까지 울산시 시민안전실장으로 치열하게 코로나19와의 전쟁을 치르다 갑자기 멈춘 일상이었다. 순간 무엇을 해야 할지, 어떻게 살아야 할지 막막하였다. 그동안 살아온 공직 생활이 뭔가 실마리가 되지 않을까? 내 공직 생활은 긍정적인 사고와 주어진 업무에 최선을 다해 성실히 살아왔다고 자부한다. 현안에 대해 깊이 사색을 하며, 해결점을 찾고자 노력하였다. 지금까지 40년에 가까운 긴 공직 생활을 그렇게 살아왔다. 아니, 9급에서 3급까지 중앙과 지방을 넘나들며 살아온 내 삶이 하나의 스토리가 되지 않을까 생각했다.

이런 점에 착안하여 외람되게 책을 집필하였다. 내 공직의 경험을 가감 없이 쏟아붓고 분칠하였다. 때로는 내 생각과 사고가 다를 수도 있을 것이다. 공무원 각자 근무하는 기관이 다르고 생각하는 바가 다르듯이 내 주장이 모두 정답이라고는 말하지 않겠다. 그렇지만 이거 하나만은 진실하다고 전할 수 있다. 열심히 일한 당신에게 보상은 확실히 주어진다는 것을 말하고 싶다. 공무원의 확실한 보상은 승진이라고 할 수 있다. 승진하면 보수도 올라간다. 덩달아 주변의 시선도, 사회적 지위도 승진 자리만큼 주어진다. 따라서 이런 승진을 탐내지 않는 공무원은 없다고 본다. 공무원으로 어느 정도 시간이 지나면 일정한 계급까지는 적당히 일해도 동기들과 크게 차이 없이 승진의 기쁨을 맞이할 수 있을 것이다. 그러나 위로 올라갈수록 승진하고자 하는 사람은 많은 데 비해 승진하는 사람은 적다. 소위 말하는 병목현상이 생기기 때문이다.

지금까지 이 책을 읽은 독자라면 짐작이 갈 것이라고 본다. 그런 병목현상을 뛰어넘어 고위직으로 승진을 꿈꾸는 당신이라면, 이 책은 유용하리라 생각한다. 책의 제목을 '공무원 상위 1%에 도전하라'로 정한 것은 전체 지방공무원 중에 3급 이상 공무원의 비율이 1%라는 것에 착안하였다. 어느 중견 공무원은 말할 것이다. 일선 기관에 3급 자리도 없고, 이제는 잘해야 5급 사무관을 바라보는데 너무 높게 이상을 정한 것이라고 말이다. 어느 정도는 이해가 가는 말이다. 하지만 당신이 근무하는 기관에 국장이 4급이라면 전체 직원을 비교했을 때 국장 자리가 상위 1%라고 생각한다. 그리고 꿈은 다소 높게 설정해야 한다. 그렇게 해야 꿈을 달성하지 못해도 그와 비슷하게 이루기 때문이다. 비록 주어진 여건과 비전을 생각할 때 나와는 상관없는 것이라고 치부하기 전에 이 책에서 제시하는 내용을 곱씹어서 자신의 공직 생활에 접목해 보기를 바란다.

이제 갓 공직에 입문하였거나 공직을 바라는 독자라면 이 책을 통해 공직 사회를 미리 체험하는 것으로 받아들였으면 한다. 아직은 경험하지도 않은 공무원 사회를 미리 책을 통해 습득한다면 공무원 입문도 한결 수월하리라 생각된다. 공직에 빠른 적응을 위해 업무 규정을 연찬하고 혼자서는 극복하기 힘든 어려운 문제는 멘토와 함께 걸어간다면 그 어떤 어려움도 거뜬히 해결하리라 본다. 지금 주어진 자리가 '동 행정복지센터'라고 낙담할 필요도 없다. 10년, 20년, 아니 최종적으로 웃을 수 있도록 '공무원 상위 1%'를 꿈으로 간직하고, 차근차근 준비해 나간다면 최종적으로 당신의 꿈은 이루어진다. 그 꿈을 향해 자신의 혼을 불사를 수 있는 의지만 있다면 반드시 꿈은 이루어질 것이라고 확신한다.

그동안 공직 생활을 대과(大過) 없이 마무리 할 수 있도록 도와주신 송철호 울산시장님, 그리고 직원들께 깊은 감사를 드린다. 아울러 지방에서 중앙으로, 다시 지방으로 근무지를 옮기는 동안 때로는 주말부부도 감수한 아내와 가족에게 고맙다는 말을 전한다.

김윤일